Ludwig David Eisenlöffel

Wenn Christen in der Ehe scheitern

Ludwig David Eisenlöffel

Wenn Christen in der Ehe scheitern

Ein Plädoyer für Barmherzigkeit

Umschlaggestaltung: joussenkarliczek, D-Schorndorf (unter Verwendung eines Fotos von istockphoto.com, Alina Akimova)
Satz/DTP: Jens Wirth
Druck: cpi books
Printed in the EU

ISBN 978-3-940188-66-3
Bestellnummer 147466

Für kostenlose Informationen über unser umfangreiches Lieferprogramm an christlicher Literatur, Musik und vielem mehr wenden Sie sich bitte an:

Asaph, Postfach 2889, D-58478 Lüdenscheid
asaph@asaph.net – www.asaph.net

Inhalt

Vorwort des Autors

„Wenn Christen in der Ehe scheitern“ ist vor mehreren Jahren zum ersten Mal erschienen und in allen Kirchen und Freikirchen mehr oder weniger gezielt verbreitet worden. Es wurde zuletzt von einigen Anbietern im Internet zu Preisen angeboten, die zehnmal höher lagen als der anfängliche Ladenpreis. Ich schrieb das Buch als Christ, der selbst von einer Scheidung betroffen und in einer von Gott gesegneten zweiten Ehe glücklich geworden ist.

Ich habe vielen gläubigen Menschen als Seelsorger gedient und manchen gescheiterten Eheleuten vor dem Angesicht Gottes beigestanden, wenn sie sich mit ihrer Schuld aufrichtig, aber hilflos vor ihm beugten. Wohin anders hätten sie jetzt mit ihrer Schuld gehen können als zu ihrem himmlischen Vater, von dem sie sich zutiefst verstanden und angenommen wussten? Denn von ihm kommt doch die froh machende Botschaft, dass uns um Jesu willen *alle* Schuld vergeben wird.

Diese befreiende Wahrheit hat es in den Kirchen nicht immer leicht, wenn es um die Schuld einer Ehescheidung und zweiten Ehe geht. Kirchen orientieren sich alle an den Aussagen der Bibel, aber sie kommen in dieser Frage zu unterschiedlichen Erkenntnissen, obwohl sie denselben Text für verbindlich halten. Die römisch-katholische Kirche hat vor rund 1000 Jahren das

Dogma von der Unauflöslichkeit der Ehe formuliert und fast zur gleichen Zeit ihren Priestern die Ehelosigkeit zur Pflicht gemacht. Beide Kirchengesetze sorgen seitdem immer wieder für Gewissensnöte und persönliche Katastrophen bei Kirchenmitgliedern. In den orthodoxen und evangelischen Kirchen – und in Freikirchen – ist man mittlerweile zu einer anderen Auslegung der einschlägigen biblischen Texte gelangt und hat eine behutsamere seelsorgerliche Praxis entwickelt.

Mein Buch ist schlicht und einfach das, was der Untertitel besagt: *Ein Plädoyer für Barmherzigkeit.* Es verharmlost die Sünde einer Ehescheidung nicht, aber es bestreitet die Behauptung, diese Schuld wäre so schlimm, dass ein geschiedener Christ z. B. „vom Glauben abgefallen" wäre und dementsprechend von seiner Kirche bestraft werden müsste. Denn daraus ergäbe sich ein Widerspruch zu der frohen Botschaft, dass Jesus für die Sünden der ganzen Welt gestorben ist und darum die Vollmacht hat, *alle* Sünden zu vergeben.

Diese gute Nachricht gilt nicht nur den Ungläubigen vor ihrer Bekehrung, sondern auch den Gläubigen, wenn sie in der Nachfolge Jesu einmal oder auch öfter straucheln. Viele Leserinnen und Leser haben mir gegenüber bekundet, dass sie dieses Buch als seelsorgerliche Hilfe dankbar gelesen haben. Am meisten habe ihnen die biblische Begründung zu der Überzeugung verholfen, dass die Schuld einer Ehescheidung und zweiten Ehe von Gott genauso vergeben wird wie jede andere Sünde und Schuld.

In der vorliegenden Bearbeitung hat mein Plädoyer für Barmherzigkeit die besten Aussichten, von vielen Menschen gelesen und beherzigt zu werden. Die von mir vorgenommene Überarbeitung des Textes trägt den revidierten Lehrentscheidungen Rechnung, die in allen Kirchen und Freikirchen in der Zwischenzeit begonnen haben. Hoffentlich führen sie dazu, dass es nun wirklich in allen Kirchen zu einer tätigen christlichen Barmherzigkeit für die geschiedenen und wiederverheirateten Christen kommt. Meine überwältigende eigene Erfahrung ist, dass Gott seinen Kindern die Schuld einer Ehescheidung total vergibt, wenn sie sich auf das Erlösungswerk von Jesus Christus verlassen, das am Kreuz auf Golgatha für alle Menschen geschehen ist und für Zeit und Ewigkeit gültig bleibt.

Schliersee, im Sommer 2013

Ludwig David Eisenlöffel

Kapitel 1

Als Christ in der Ehe scheitern?

Die Ehe ist das Schönste, was ein Mensch in dieser Welt erleben kann. Alle jungen Menschen in allen Kulturen reifen und wachsen der Ehe wie einem großen Ziel entgegen und bereiten sich auf sie vor. Die Ehe erhält ihre innere Kraft von den starken Gefühlen, zu denen zwei Menschen sich gegenseitig aufwecken und befähigen. Alles, was schön und wohltuend ist, alles, was glücklich und zufrieden macht, kann in einer harmonischen Ehe Wirklichkeit werden. Darauf hofft jedes Paar, das sich für einen gemeinsamen Lebensweg entscheidet.

Es dürfte die ganz seltene Ausnahme sein, dass ein Mensch schon am Traualtar keine guten Absichten mit seiner Ehe verbindet. Die Regel ist, dass jeder von Herzen bereit ist, seinen erwählten Partner glücklich zu machen. Das gilt natürlich nicht nur für die „Hoch-Zeit" selbst und für spätere reibungslose Phasen der Ehe, sondern auch für trübe Stunden und schwere Tage. Die guten Absichten beider Liebenden sind keine Gewähr für eine stets problemlose Zweierschaft, wenn sie nicht auch auf das gemeinsame Tragen aller Lasten des Alltags und auf gegenseitige Treue eingestellt sind.

Somit sollte der Wille zur Ehe nicht allein von schwärmerischen Gefühlen und der sprichwörtlichen „Blindheit" eines verliebten Herzens motiviert sein, sondern – im Idealfall – von einer ganz realistischen, besonnenen und vorher bewährten Zuneigung. Einer *will* dem anderen gehören – nur diesem einen und sonst keinem anderen mehr. Doch ehe es zu diesem inneren, überlegten *Willensakt* kommen kann, müssen vorher ganz bestimmte Stationen der Auseinandersetzung mit sich selbst und dem Partner erfolgt sein. Die beiden Menschen müssen auch Meinungsverschiedenheiten durchgestanden haben, ehe sie zueinander so Ja sagen können, wie es für eine lebenslängliche Verbindung erforderlich ist.

Wo dieses uneingeschränkte Ja zum Partner fehlt, sind immer ernste Bedenken angebracht, ob die Ehe auch tatsächlich gelingen wird. Uneingestandene Zweifel am Partner, vielleicht gar noch beim Standesbeamten oder am Traualtar, sind keine gute Basis für eine Ehe, oft ist deren Scheitern damit vorprogrammiert. Theologen und Psychologen, die sich mit der Eheberatung befassen, wissen, dass der Aspekt der gegenseitigen starken Liebe unverzichtbar für das Gelingen einer Ehe ist. Nichts gefährdet eine Ehe so sehr wie fehlende Zuneigung. Nach meiner Beobachtung mangelt es gerade bei Christen mitunter an dieser Voraussetzung, weil sie sich, vor allem in ethisch rigorosen Gemeinden, vor der Ehe gar nicht richtig kennenlernen können.

Es gibt aber auch andere Gründe für das Scheitern einer Ehe, die nicht immer so klar auf der Hand liegen, dass man sie schon vor der Eheschließung erkennen kann, also z. B. äußerliche Gegebenheiten wie Herkunft, Vergangenheit und soziale Stellung der beiden Partner. Häufiger sind es versagte Wünsche in der Kindheit, ungerechte Behandlung in der Herkunftsfamilie, Erfolg oder Misserfolg im Berufsleben, eine vorher durchlebte unglückliche Liebe und andere traumatische Erfahrungen, die den Keim zum Scheitern einer Ehe in sich tragen können. Mancher erwartet dann, dass die Ehe alle offenen Wünsche erfüllt und allem früheren Kummer ein Ende macht. Der Partner fürs Leben soll das alles gutmachen können, was einem bis dahin an Liebe versagt geblieben ist. Aber das alles kann ein sterblicher Mensch dem anderen gar nicht geben.

Wer zu idealistisch von der Ehe denkt, wird in den allermeisten Fällen eine schrittweise „Entzauberung“ des Partners feststellen. Wenn dieser sich vorher beispielsweise immer in bester Verfassung und größter Herzlichkeit präsentiert hat, im Alltag dann aber natürlich auch seine anderen Seiten zum Vorschein kommen, kann das den jungen Baum einer Ehe bis tief unter die Rinde beschädigen. Hoffnungen und Erwartungen, die man in seinen Partner gesetzt hat, erfüllen sich nicht. Vorstellungen, die man in ihn hineinprojiziert hat, erweisen sich oft als Illusionen. Das vorher „angebetete“, zu sehr emporgehobene Idealbild verliert seine Strahlkraft und am Ende bleibt nur ein armseliger Mensch übrig, der nicht mehr geben kann, als er tatsächlich in sich hat. Dann bricht nicht selten bei einem der Partner oder bei beiden eine ganze Welt zusammen. Was bleibt, sind die Scherben eines kurzen Glücks.

Rein sachlich werden Gründe für das Scheitern einer Ehe aus dem Verhältnis der beiden Eheleute zueinander abgeleitet. Häufig spielen dabei Umstände wie berufsbedingte Trennungszeiten und die enge Zusammenarbeit eines verheirateten Menschen mit einem Kollegen eine Rolle. Auch zu frühes Heiraten kann zum Störfaktor in einer Ehe werden, weil sich die Partner dann evtl. erst in ihrer Ehe als Persönlichkeiten entwickeln und immer mehr Charakterzüge annehmen, die sie als 18- oder 20-Jährige noch nicht aufzuweisen hatten.

Wie zwei Menschen mit der jeweils spezifischen Aufgabe in ihrer Ehe umgehen, hängt sehr von ihrer Grundeinstellung zu ethischen Werten ab. Großmütige, selbstlose Charaktere werden eher eine Basis auch für eine nicht auf Anhieb gelingende Zweierschaft finden als verwöhnte, anspruchsvolle Menschen, die nur an ihr eigenes Glück denken. Dass bei solchen Unterschieden vor allem religiöse Bindungen eine Rolle spielen, ist unbestritten.

Nicht nur Christen, sondern auch Angehörige anderer Religionen wissen, dass ein selbstloser Mensch im Verzicht auf das eigene Glück stärker ist als ein Egoist. Und es ist erwiesen, dass jemand auf dem Boden seines persönlichen Glaubens mit einer unerfüllten

Ehe besser zurechtkommen kann als ein ungläubiger Mensch. Das gilt besonders in solchen Kulturkreisen, in denen die Ehe immer noch häufig ohne persönliche Zuneigung zustande kommt.

Wir leben allerdings in einer Zeit des Niedergangs kultureller und religiöser Werte, von dem Ehen und Familien besonders betroffen sind. Nicht nur gehört ein Drittel der Deutschen keiner Kirche mehr an, sondern es hat sich auch eine allgemeine Stimmung gegen die *christliche* Ehe aufgebaut. Atheistische und freigeistig gesinnte Kreise haben sich mittlerweile auch einen rechtlichen Status gesichert und lehnen die christliche, d. h. die *unauflösliche* Ehe scharf ab. Sie führen das herkömmliche Verständnis von der Ehe als einer lebenslänglichen Beziehung auf den Einfluss der Kirchen zurück. Seit dem Mittelalter hätten die Kirchen die Ehe mit unerbittlicher Härte den Menschen als eine Lebensform aufgezwungen, gegen die sie sich als Nichtchristen entschieden zur Wehr setzen. Der moderne Mensch interpretiert kirchliche Lehren über Ehe und Sexualität als Eingriff in seine individuelle Freiheit, den er nicht mehr akzeptieren will.

Hier reden wir jedoch darüber, dass auch solche Menschen in der Ehe scheitern können, die es mit ihrem Christsein ganz ernst meinen, also prinzipiell Gottes Willen tun, die im Blick auf die Ehe vor Gott leben und ihre eheliche Gemeinschaft auf Gottes Wort gründen wollen. Im Großen und Ganzen dürfte es keinen ernstzunehmenden Christen geben, der sich eine andere als eine unauflösliche Ehe wünscht. Wenn jemand in dieser Welt überhaupt ein realistisch-fröhliches Ja zur Ehe sagen kann, dann sind es doch wohl die Christen, die sich an Gottes Wort halten. Und doch können auch sie in ihrer Ehe scheitern.

Was von Menschen im Allgemeinen gesagt werden muss, gilt immer auch für Menschen, die sich als Christen für ihr ganzes Tun und Lassen vor Gott verantwortlich wissen. Obschon sie durch ihren Glauben stärker motiviert, reicher beschenkt und tiefer getröstet werden als jemand, der ohne Christus lebt, besteht die Möglichkeit, dass auch gläubige Paare an die Grenzen ihrer ehelichen Liebe stoßen. Weil sie aber in ihrem Gewissen an Gott gebunden sind, kann ihr innerer Zustand beklagenswerter sein und ihre Seele kränker werden als die eines ungläubigen Menschen, der keine inneren Bindungen an Gott und Gewissen kennt. Weil in unseren Kirchen und Freikirchen generell die Unauflöslichkeit der Ehe betont wird, geraten Christen im Konfliktfall in doppelte Not. Je nachdem, wie rigoros oder verständig ihre Kirchen mit ihnen umgehen, gestalten sich nach einer Ehescheidung ihre persönlichen Schicksale.

Im Konflikt zwischen Neigung und Pflicht

Wie oft Ehekonflikte gerade bei Christen seelische Krisen auslösen, belegen die Statistiken über den Anteil von Christen unter Patienten in psychiatrischer oder psychotherapeutischer Behandlung. Unter ihnen sind viele gläubige Männer und Frauen, die in ihrer Ehe unglücklich sind und keinen Ausweg finden können, weil ihnen eine Scheidung aufgrund der Lehre ihrer Kirche verboten ist. Sie quälen sich oft bis zum Nervenzusammenbruch, weil der ständige Kampf zwischen christlicher Pflicht und fehlender erotischer Bindung zu ihrem Ehepartner sie innerlich aufreibt. Mittlerweile nehmen die Kirchen eine solche innere Not ihrer betroffenen Mitglieder mit zunehmender Tendenz wahr und sind bereit, ihnen seelsorgerlich zu helfen.

Die Ehe als solche befindet sich – besonders im Bereich des christlichen Abendlandes – in einer Krise wie nie zuvor. Mehr als ein Drittel aller Bundesbürger bleiben unverheiratet, was nicht bedeutet, dass sie auch auf Befriedigung ihrer erotisch-sexuellen Bedürfnisse verzichten. Diesbezüglich hat sich heute in den Gesellschaften Europas und Amerikas eine grundlegende Veränderung vollzogen, was natürlich auch Schattenseiten hat. Ethischen Werten kommt nicht mehr derselbe Stellenwert zu wie früher. Gründe dafür sind ganz allgemein die Selbstverständlichkeit, mit der sexuelles Verlangen unabhängig von Rahmenbedingungen befriedigt wird, sowie der Trend zu einer unverbindlichen Lebensweise. Junge Menschen vollziehen den vorehelichen Geschlechtsakt immer früher, ohne den körperlichen und seelischen Reifeprozess abzuwarten.

In anderen Kulturen gilt allerdings oft ein „Heiratsalter" ab der geschlechtlichen Reife eines Menschen, sodass der Aspekt eines vorehelichen Geschlechtsverkehrs selten oder gar nicht ins Gewicht fällt. Dafür gibt es in solchen Gesellschaften andere psycho-soziale Probleme.

In der „westlichen" Welt wirkt sich eine beliebige Austauschbarkeit von Sexualpartnern unter jungen Menschen eher in ethisch-moralischen Defiziten aus, die äußerst nachteilige Folgen haben können. Andere Folgen dieser als *Promiskuität* bezeichneten sexuellen Bindungslosigkeit sind so vielfältig, dass junge Menschen oft nicht wissen, wie sie damit umgehen sollen. Sicher ist, dass zu junge Mütter mit unehelich geborenen Kindern in der Regel in seelische und wirtschaftliche Turbulenzen geraten. Selbst wenn sich zu junge Eltern herzlich lieben, sind sie in vielen Fällen nicht imstande, ihre Kinder selbst zu erziehen, und brauchen für die Sozialisierung ihres Kindes die Hilfe ihrer eigenen Eltern, Großeltern oder des Jugendamts und sozialer Einrichtungen.

Viele dieser Probleme gibt es allerdings nicht nur bei jungen Menschen. Galt Jahrhunderte lang die Regel, dass erst ein „seelisch reifer" Mensch Vater oder Mutter sein könne, so sind alle diesbezüglichen Maßstäbe im 21. Jahrhundert gründlich ins Rutschen geraten. Die Kriterien menschlicher Reife sucht man selbst bei 30-Jährigen immer öfter vergeblich. Sicher ist, dass die Scheidungsrate durch die angesprochenen Probleme zusätzlich in die Höhe getrieben wird.

Auch Christen können in ihrer Ehe scheitern, und es gab auch in den sogenannten guten alten Zeiten geschiedene Christen. Sie haben es nicht einfach irgendwelchen zügellosen Zeitgenossen nachgemacht, sondern mussten ihren eigenen Weg vor Gott und

Menschen gehen. Wer sich in unserer Zeit als Christ scheiden lässt, der hätte es in seiner individuellen Lage vermutlich auch vor hundert oder zweihundert Jahren genauso getan. Die Gründe für das Erlöschen der ehelichen Liebe liegen auch heute nicht in den äußeren Umständen oder am Einfluss eines Zeitgeistes, sondern wie früher in der jeweiligen individuellen Betroffenheit eines Paares. Diese war und ist unabhängig von den äußeren Umständen einer bestimmten Zeit.

Die Gefahr, dass eine Ehe trotz eines an Gott gebundenen Gewissens scheitert, war früher nicht kleiner und nicht größer als in unserem 21. Jahrhundert. Die betroffenen Christen unserer Zeit sind allerdings freier geworden, die von ihnen empfundene ethische Strenge ihrer Kirchen offen als ungerecht und verletzend abzulehnen. Ihre Situation wird nach jeweils gültigen kirchlichen Gesetzen beurteilt, die auf die individuelle Not einer Ehe nur am Rande angewandt werden können. Die Androhung von kirchlichen Strafmaßnahmen *nach* einer Ehescheidung verbaut jedem Ansatz zu hilfreicher Seelsorge den Weg.

Wer geht schon zu seinem Pastor, wenn er im Voraus weiß, was der ihm raten wird?! Werden Christen um ihres ehelichen Versagens willen von den eigenen Glaubensgenossen nicht verstanden, dann verdunkelt sich ihr Lebenshorizont noch mehr und sie geraten mit ihrer Not in eine gefährliche Isolation, die auch der Gegenspieler Gottes für seine Zwecke auszunutzen versteht. Wie viele aufrichtige Gotteskinder sind an der erbarmungslosen Gesetzlichkeit ihrer Kirchen tatsächlich schon zugrunde gegangen!

Nach meiner Beobachtung werden christliche Ehen so gut wie nie bloß wegen äußerlicher Unzulänglichkeiten eines Ehepartners geschieden. So könnte es etwa sein, dass ein gläubiger Mann bei fehlender Zuneigung seine Frau neben sich wie eine Schwester achtet oder dass eine christliche Frau und Mutter den Kindern einen höheren Stellenwert einräumt, dem sie manchen unerfüllten Wunsch unterordnet. Die „Außenwelt" merkt in solchen Fällen kaum etwas oder gar nichts von den unterschwelligen Spannungen und Komplikationen, mit denen ein christliches Ehepaar nebeneinanderher lebt, weil die eheliche Liebe bei einem von ihnen oder bei beiden erloschen ist. Zweifellos bleiben solche Paare oft trotzdem als Familie zusammen. Es gibt viele unglückliche Ehen, die zwei Menschen mit Gottes Hilfe und Beistand durchhalten. (Solche „stillen Helden" sind allerdings manchmal die strengsten Richter ihrer geschiedenen Mitchristen, die in ihren Augen nicht bereit waren, „ihr Kreuz zu tragen".)

Es sind ja auch gar nicht die vielen kleinen Frustrationen, die eine Ehe unerträglich machen, sondern die schleichend wachsende Erkenntnis, dass diese Ehe eine *grundlegend* falsche Entscheidung war.

Wenn christliche Ehen scheitern, ist der Grund in der Regel in einer unterschwelligen Seelenfremdheit zweier Menschen zu suchen. Man kann natürlich fragen, ob bei Ehegatten, die sich ganz persönlich in die Gemeinschaft mit Jesus Christus gestellt wissen, nicht doch in *jeder* Lage die Gnade Gottes genügen müsste, um die kreatürlichen und menschlichen Empfindungen zu überwinden. Man könnte fragen, ob sie wirklich so wesensfremd zueinander bleiben müssen, wenn sie gemeinsam beten und für ihre Ehe stets neue Gnade erbitten? Sollte es Gott unmöglich sein, ihre gefährdete Ehe zu festigen, ihre innere Wesensart zu heilen und sie auf dem Boden der Erlösung einander näherzubringen?

Fragen dieser Art kann man aus christlicher Sicht nicht anders als positiv beantworten. Gott kann das. Es ist die Erfahrung vieler Eheleute, dass sie mit ihrer Hingabe an Gott ihre vorher angeschlagene oder schon kaputte Ehe wieder neu beginnen konnten. Wer wollte sich darüber nicht freuen? Auf dem Büchermarkt findet sich eine Flut von guten Büchern über solche heil gewordenen einst krisenhaften Ehen. Viele Christen bezeugen, dass ihre krisenhafte Ehe durch das Vertrauen zu Jesus Christus erneuert und zu einer guten Ehe gemacht worden ist. Sie sagen mit Überzeugung: Ja, Gott kann *jede* Ehe heilen. Wesensfremdheit, fehlende geistige oder körperliche Harmonie, Wunsch nach tieferer seelischer Übereinstimmung – das alles wäre dann auch kein „berechtigender" Grund für eine Scheidung.

Wenn es aber in einer Ehe einfach nicht besser wird? Wenn zwei Menschen trotz ihrer gemeinsamen Gebete – falls sie dazu überhaupt noch kommen – nicht so zueinander finden, dass sie eine Ehe nach Gottes Konzept führen können, was dann? Sind solche Christen nicht ganz ehrlich zu sich selber? Oder sind sie nicht wirklich gläubig? Erfahrene Seelsorger werden sich davor hüten, so zu urteilen.

Es scheint mit der Heilung einer Ehe ähnlich wie mit der Heilung einer schweren Krankheit zu sein: Viele werden durch die Macht Gottes geheilt und vom sicheren Tod errettet, weil sie Gott eine Heilung zutrauen. Andere glauben auch, lassen genauso mit sich beten, nehmen den Dienst der Handauflegung an – und werden nicht gesund. Woran liegt das? Haben die einen „richtig" und die anderen „falsch" geglaubt? Waren die Geheilten bessere Christen als die, die nicht geheilt wurden? Wer wollte das behaupten? Tatsächlich gleicht keine Ehe der anderen, so wie kein Mensch dem anderen gleicht. Auch „ernste" Christen können trotz ihres Glaubens in ihrer Ehe scheitern, so wie sie an einer Krankheit – trotz ihres Glaubens an eine göttliche Heilung – sterben können.

Was aber wird aus Christen, die sich scheiden lassen? Müssen sie aus ihrer Kirche ausgeschlossen werden? Gehen sie gar in die Hölle, wo doch Ehescheidung in manchen Kirchen zu den vorgeblich *unvergebbaren* Sünden gehört? Ist das wirklich die so oft strapazierte „biblische Wahrheit", mit der man geschiedene Christen vielerorts zu „Nicht-Mehr-Christen" erklärt? Es heißt, dass wenigstens „praktizierende" Christen sich nicht scheiden lassen sollten, damit andere es ihnen nicht nachmachen.

In manchen Kirchen und Freikirchen wendet man sich von geschiedenen Christen sogar demonstrativ ab. Sie werden als „Abgefallene" eingestuft, werden gemieden, verachtet, gedemütigt und letztlich „in die Welt“ abgeschoben. Entspricht diese Praxis aber wirklich dem Wort und dem Geist Jesu Christi?

Dieses Buch will ein Plädoyer für Christen sein, die wegen ihrer tragischen Ehescheidung von ihren Glaubensgenossen alleingelassen, in manchen christlichen Kreisen sogar noch existenziell ruiniert werden. Aus gutem Grund ist die Scheidung einer christlichen Ehe als ein überaus ernster Vorgang zu bewerten. Es gibt aber nicht nur in diesem, sondern in allen Bereichen zwischenmenschlicher Beziehungen ständig schmerzliche Trennungen und unversöhnliche Konflikte, die von den Kirchen nicht so streng geahndet, sondern als „nicht so schlimm“ hingenommen werden. Darum darf man eine besonders hohe ethische Messlatte mancher Kirchen im Umgang mit ihren geschiedenen Mitgliedern gründlich hinterfragen und nach dem Aspekt der Barmherzigkeit fragen.

Es kann doch nicht richtig sein, wenn ausgerechnet das häufigste und tragischste menschliche Konfliktfeld – eben die Ehe – so unnachsichtig streng und gesetzlich gehandhabt wird wie kein anderes Gebiet unseres stets unvollkommenen Lebens. Wer sich streng auf die Bibel beruft, müsste sich auch auf den Dialog mit anderen Fachleuten christlicher Ethik einlassen. Denn die Bibel lehrt, dass es unzulässig ist, unter den vielen möglichen Sünden nur *eine* bestimmte als *die* eigentliche Sünde herauszustellen, die Gott einem Christen nicht vergeben könne. Ein solches Gespräch mit der Bibel in der Hand wäre ein Ansatz zu neuer Offenheit gegenüber dem Problemkreis „Ehescheidung und Wiederverheiratung“.

Seit Jahrhunderten wird in dieser ethischen Frage kirchlicherseits mit zweierlei Maß gemessen. Die Folge davon ist, dass sich in ihren Ehen gescheiterte Christen von ihren Kirchen nicht nur im Stich gelassen, sondern zudem von ihnen ausgestoßen vorkommen. Dabei gilt sogar im staatlichen Strafvollzug längst, dass auch ein Schuldiger nicht ohne jedes Maß verurteilt werden darf.

Manche Kirchen strafen aber geschiedene Gemeindemitglieder immer noch über Gebühr nach einem strengen Maßstab. Einen Dieb, einen entlassenen Strafgefangenen oder einen Mörder nehmen sie wieder in ihre Gemeinschaft auf, wenn er für seine Schuld gebüßt hat. Aber der geschiedene oder wiederverheiratete Christ findet manchmal keine offene Kirchentür mehr. Seine Sünde wird so hingestellt, als ob er sie leichtfertig begangen hätte und unter allen Umständen „rückgängig" machen müsste – und könnte, wenn er es nur wollte. So denken und argumentieren manche Seelsorger immer noch.

Gott ist in dieser Hinsicht barmherziger als sein „Bodenpersonal". Er will seinen Kindern *alle* Sünden vergeben – auch die Sünde einer Scheidung. Das soll in diesem Buch zur Sprache kommen, weil es vielen wegen ihrer Scheidung bekümmerten und verachteten Christen neue Hoffnung geben kann. Eine solche Klarstellung ist auch darum schon lange überfällig, weil Ehescheidungen rapide zunehmen und davon betroffene Christen mit leichtfertigen Ehebrechern in einen Topf geworfen werden. Man hält sie als geschiedene Christen für genauso „unmoralisch" wie die ungläubigen Ehebrecher, bei denen sich das Gewissen oft überhaupt nicht regt. Doch das haben sie nicht verdient.

Dem Autor geht es nicht darum, der Ehescheidung und Wiederverheiratung unter Christen Tür und Tor zu öffnen. Im Gegenteil. Er bekennt sich ausdrücklich zur Ehe im besten Sinne des biblischen Vorbildes. Aber es muss erlaubt sein, über das Los solcher Christen zu sprechen, die in ihrer Ehe – aus welchen Gründen auch immer – so nachhaltig scheitern, dass sie die psychische und physische Belastung nicht aushalten und in manchen Fällen zusammenbrechen. Sie verdienen es, dass sich ihre Brüder und Schwestern gerade in solchen Situationen um sie kümmern und ihnen in herzlichem Erbarmen beistehen, anstatt sie zu richten und in die Isolierung zu treiben.

Ehe – Institution oder Geschenk

Woran liegt es, dass manche Christen mit ihrer Ehe nicht zurechtkommen? Wer ist schuld daran? Der Mann oder die Frau? Wahrscheinlich werden immer beide mehr oder weniger aneinander schuldig. Nicht weil sie für eine Ehe ungeeignet wären, sondern weil einer *für den anderen* ungeeignet ist. Auch in der Bibel finden wir die defekte Ehe, die trotz allen guten Willens nicht aufrechterhalten werden kann. Die Bibel kennt natürlich auch viele Gründe, warum eine Ehe scheitern kann.

Wir werden lesen und darüber nachdenken, wie sich Gott im Volk Israel von Anfang an auch für Menschen in krisenhaften Ehen als ein menschenfreundlicher Gott erwiesen hat. Die Ehe wird in der Bibel als das beglückende Erlebnis einer Begegnung zwischen einem Mann und einer Frau beschrieben; sie ist Gottes Gabe an seine Menschen, aber auch eine Aufgabe, die mancher nicht „lebenslänglich" auf sich zu nehmen vermag. Es ist eine Frage der Mitmenschlichkeit, ob man ein solches Unvermögen verstehen will oder nicht.

Nach dem Willen Gottes fragen Gläubige am häufigsten in Bezug auf ihre Partnerwahl. Wir wollen uns aber klarmachen, dass ursprünglich *nur eine bestimmte* Frau von Gott für *einen bestimmten* Mann geschaffen worden ist, nämlich die Frau Eva für den Mann Adam. Das war Gottes originale und geniale Maßarbeit. Damals war die persönliche Ausstrahlung und der Liebreiz der Frau der von Gott erfundene „Klebstoff", der aus den beiden „ein Fleisch" machte. Wo eine derartige Anziehungskraft fehlt, sollte nicht geheiratet werden.

Leider spielten später auch von Menschen eingeführte ökonomische Aspekte und andere Zwänge beim Heiraten eine Rolle. Darum wäre es falsch, *jede* Ehe als von Gott gewollt zu interpretieren. Wenn sich Mann und Frau so finden, wie dies in der Bibel als von Gott gewollt vorausgesetzt wird, sind sie mit ihrer Ehe im Willen

Gottes. Wenn elterlicher Zwang oder wirtschaftliche Erwägungen den Ausschlag für eine Eheschließung geben, kann niemand sagen, dass eine solche Ehe der Wille Gottes ist. Viele Ehen sind durch menschliche Sitten und Unsitten von Anfang an zum Scheitern verurteilt, weil sie nichts als Tausch- und Kaufverträge sind.

Auch die modernen Lexikon-Definitionen treffen das eigentliche Wesen der Ehe nur annähernd und unvollkommen, weil es dabei immer nur um Vorteile oder Nachteile von Ehe oder um negative Folgen der Scheidung geht. Am tiefsten ist möglicherweise das römisch-katholische Verständnis dieses Mysteriums, wonach sich die beiden Liebenden ihre ureigene, einmalige Einehe gegenseitig schenken: Nicht der Priester, sondern ihre gegenseitige Liebe macht sie zu einem Ehepaar. Allerdings passt die strenge römisch-katholische Lehre von der Unauflöslichkeit der Ehe nicht in das ur-persönliche Geschehen zwischen den zwei Menschen. Der kirchliche Trauakt darf nicht wichtiger werden als das, was sich ein Mann und eine Frau gegenseitig geben, wenn sie nach der göttlichen Methode „zusammengeleimt“ worden sind.

Die Ehe ist nicht an sich ein „Geheimnis“, losgelöst von den Personen, die in ihr leben, sondern *jede Ehe ist das Geheimnis zwischen einem Mann und einer Frau*, die sich gegenseitig entsprechen, sich lieben und verstehen. Ehe ist unbestreitbar mehr als nur die Betätigung des Geschlechtstriebs oder die Zeugung von Nachkommen. Obwohl sich mit der leiblichen Gemeinschaft von Mann und Frau immer ein unauslöschlicher Akt intimster Art vollzieht, ist diese Verbindung allein nicht ausreichend für eine Ehe im Vollsinn des Wortes. Leibliche Gemeinschaft kann nämlich auch erkauft, erschwindelt, mit List erschlichen oder erzwungen werden, wie das bei der Prostitution, bei Verführung oder Vergewaltigung der Fall ist. Geschlechtsverkehr allein begründet also noch keine Ehe. Umgekehrt ist eine Verbindung zwischen Mann und Frau *ohne* sexuelle Beziehung auch keine Ehe im Vollsinn des Wortes.

Die Bibel lehrt uns daher am schönsten, was Ehe wirklich ist. Zwei Beschreibungen sollen das deutlich machen. Auf ihrem Hintergrund wird nämlich klar, was denen fehlt, die keine gute Ehe haben, obwohl sie dazu durchaus begabt sein können: Es fehlt ihnen „nur“ der richtige Partner, der ihnen wenigstens annähernd so entspricht, wie die Bibel eine gottgewollte Partnerschaft als eine grandiose Idee Gottes beschreibt.

Wir lesen in 1. Mose 2,18–24, wie das am Anfang mit der Ehe war: Der Mensch (Adam) ist zwar in dem schönen Garten Eden, aber er ist *allein*. Alle Lebewesen um ihn herum erweisen sich als unfähig, sein Alleinsein zu beenden. Und Gott, der alle seine Werke als „sehr gut“ ansah, sagte: *„Es ist nicht gut, dass der Mensch (Mann) alleine sei; ich will ihm eine Gehilfin machen, die um ihn sei“* (Vers 18). Wörtlich steht dort „… eine Hilfe schaffen, die ihm entspricht“ – ein „Gegenüber“ – also eine Frau, „die zu ihm passt“ (Luther: „die um ihn sei“).

Eva war also eine um Adams willen extra geschaffene Partnerin, die ihm wirklich total entsprach. Einerseits deshalb, weil auch sie als Mensch erschaffen wurde, andererseits aber auch, weil sie von Gott alles das bekommen hat, was dem Mann (noch) fehlte und was er zu seinem wahren Menschsein (Mannsein) brauchte.

Eva entsprach ihm nicht zuletzt auch mit dem Liebreiz ihres Körpers, dessen Wirkung Adam als Erstes anspricht: *„Das ist doch Bein von meinem Bein und Fleisch von meinem Fleisch“* (Vers 23). In diesen Worten hat eine erste erotische Anmutung zweifellos mitgeschwungen – ohne die es übrigens in der ganzen Schöpfung Gottes keine paarweise Begegnung der geschaffenen Lebewesen gibt. Jedenfalls war Adam so von der Frau ergriffen, dass er sie begeistert annahm und für immer haben wollte. Die Kraft dieses Verlangens wird im Text als so mächtig beschrieben, dass sie künftig den Mann sogar von Vater und Mutter „wegreißen“ wird (Vers 24).

Wenn es um die Frage der Scheidung geht, halten wir hier zunächst fest: Ehe beruht auf der gegenseitigen Anziehungskraft eines Mannes und einer Frau. Sie lebt von dieser Anziehungskraft und erotischen Ausstrahlung der beiden Menschen. Es gibt die Ehe nicht als vorgefertigte, fertige Einrichtung, in welche der Mensch „eintritt“, sondern Ehe *geschieht* in der Begegnung, Hingabe und Erfüllung der höchsten Werte und Gefühle zweier Herzen.

Das bedeutet nicht, dass die Ehe eine reine Privatsache ist. Gott lässt sie später durch Eltern und Zeugen auch familiär und gesellschaftlich einbinden. Insofern bekommt sie einen überpersönlichen, verbindlichen Status. Nicht nur die zwei Eheleute wissen, dass sie miteinander verheiratet sind, sondern *alle* wissen es – Eltern, Verwandte, Nachbarn und jeder, der die beiden kennt.

Dass eine Ehe nach der Idee Gottes nicht automatisch „geschieht“, wenn die Partner ihre Unterschriften unter den Eintrag ihrer Trauung setzen, liegt klar auf der Hand. Aber der Unterschied zwischen Form und Inhalt einer Eheschließung wird meistens übersehen. Besonders über die *christliche* Ehe wird so geredet und geschrieben, als ob sie in jedem Falle der ausgesprochene Wille Gottes wäre; egal, auf welche Weise sie zustande gekommen ist.

Diesbezüglich finden sich unter Christen mitunter Meinungen, die sich mit der Bibel nicht in Einklang bringen lassen. Manche meinen, es genüge, dass ein Mann überhaupt eine Frau – irgendeine also – heiratet, um das Wunder einer glücklichen Ehe zu erleben. Es geht aber eben nicht ohne die im Zusammenhang mit Adam und Eva geschilderte Wechselwirkung zwischen Mann und Frau, also nicht ohne beiderseitige herzliche Zuneigung, die sich auch in erotischen und sexuellen Regungen nicht nur zeigen *darf*, sondern mitteilen *muss*. Dass eine echte seelische Bindung als Grundlage für eine gute Ehe ohne den Reiz der Sexualität überhaupt möglich ist, kann mit Fug und Recht bezweifelt werden.

Es gibt natürlich immer wieder auch unkomplizierte Naturen, deren Ehe ganz einfältig und unproblematisch gedeiht. „Die da“ ist eben seine Frau, und „der da“ ist ihr Mann. Wie sehr (oder ob) sie mit ihrer ganzen Persönlichkeit zueinander passen, ist bei einer solchen Einstellung zum Leben nicht so wichtig. Typisch dafür ist die Vielweiberei in nichtchristlichen Kulturen, wo selbst eine Lieblingsfrau ihren Mann mit mehreren anderen Frauen teilen muss (was es allerdings in der Bibel auch schon gegeben hat). In einem Fernsehbericht wurde eine Haremsdame gefragt, ob sie den Ehemann von einem Dutzend anderer Frauen *lieben* kann. Sie lächelte verlegen und sagte: „Ich weiß es nicht. Ich bin halt *auch* seine Frau und manchmal bin ich ganz froh, dass der lüsterne Eheherr mich nicht zu oft begehrt.“

Aber die ursprüngliche Regel ist eben doch anders. Der Mann soll von einer bestimmten Frau innerlich so ergriffen werden, dass er um ihretwillen Vater und Mutter verlässt und dass er keine andere mehr haben möchte außer dieser einen. Er hat sie freiwillig für sich erwählt, um ihre Gunst geworben und sie hat Ja zu ihm gesagt.

Freilich gibt es in unserer durch die Sünde so arm gewordenen Welt kaum noch Partner, die sich so völlig entsprechen, wie Gott es Eheleuten als Geschenk zugedacht hat. Aber ohne ein hohes Maß an innerer Zuneigung sollte eine Ehe nicht eingegangen werden. Man kann eine Ehe auch „im Glauben“ ohne diese starken Gefühle wagen, aber biblisch zu rechtfertigen oder gar zu empfehlen ist das nicht. Auch die in der Bibel beschriebenen Verbindungen waren nicht immer nur reine Liebesehen. Darum lesen wir öfter, wie beim Fehlen einer innigen Beziehung zwischen Mann und Frau damals schon typische Eheprobleme unvermeidlich waren.

Gottes Ja zu Liebe und Ehe

In der Bibel gibt es ein ganzes Buch über die Liebe zwischen Mann und Frau: das sogenannte „Hohelied der Liebe“ von Salomo, dem Thronfolger des israelischen Königs David (um 1000 v. Chr.). Dieses

Buch ist nichts anderes als eine grandiose Huldigung an die Liebe. Es ist ein Reigen von Liebesliedern, die schon dem in solchen Sachen kompetenten alten Herrn Geheimrat von Goethe als die „schönsten Liebeslieder der Weltliteratur“ vorgekommen sind. Natürlich lässt sich der Text dieses auch „Lied der Lieder“ genannten Bibelbuches auch allegorisch und geistlich deuten. So haben es die jüdischen Schriftgelehrten gehalten und sie finden damit bis auf den heutigen Tag auf vielen Kanzeln Nachahmer. Dagegen ist nichts einzuwenden.

Aber auch einem Ausleger, der völlig auf der allegorischen Bedeutung dieses Textes besteht, dürfte nicht entgehen, dass – wohlgemerkt in der Bibel – die Liebe zwischen Mann und Frau so unbekümmert und natürlich beschrieben wird, dass es knistert. Ein von kirchlichen Traditionen verschämt gemachter Leser kann sich da nur wundern. Die zwei Liebenden thematisieren die Schönheit ihrer Körper, die Tiefe ihrer Lust und das Feuer ihrer Herzen. Sie werden nicht müde, einander mit Komplimenten zu huldigen und ihr Verlangen nach aufregender Liebe zu bekunden. Beide schildern die Innigkeit ihrer Liebe mit einmalig schönen Worten und in unschuldigen Bildern.

Dieses biblische Buch ist vielleicht tatsächlich die psychologisch tiefste und sprachlich schönste Beschreibung erotischer Liebe, die es auf Erden überhaupt gibt. Verliebte, verlobte und verheiratete Christen jeden Alters sollten dieses erhabene Liebeslied immer wieder einmal lesen.

Es steht allerdings nicht geschrieben, dass diese beiden „vorbildlichen“ Liebenden tatsächlich ein Ehepaar waren. Aber dieses dichterisch schöne Liebeslied ist so etwas wie ein Kommentar Gottes zum rechten Verständnis von Liebe und Ehe, die nicht für die Tiere, auch nicht für Engel oder Geister gemacht sind, sondern für Menschen aus Fleisch und Blut. Die Beschreibung der erotischen Liebe gipfelt in der Bibel mit der Aussage, dass *„Liebe stark ist wie der Tod und ihre Leidenschaft unwiderstehlich wie das Totenreich“* (Hohelied 8,6).

Das heißt, die Liebe zwischen Mann und Frau hat so etwas wie eine Dimension der Ewigkeit an sich. Sie zieht, ruft, lockt, brennt und glüht mit einer ähnlichen Macht wie der Tod, dem kein Sterblicher widerstehen kann: *„Ihre Glut ist feurig und eine Flamme des Herrn, sodass auch viele Wasser die Liebe nicht auslöschen und Ströme sie nicht ertränken können“* (Vers 6b und 7). Das ist die Liebe, auf deren Fundament eine gottgewollte Ehe gegründet werden kann: eine feurige Glut, eine Flamme Jahwes, ein unauslöschliches Feuer im Herzen zweier Menschen.

Kein Vater und keine Mutter, kein Seelsorger oder Psychologe sollte bei der Beratung eines heiratswilligen Menschen den hohen biblischen Stellenwert von erotischer Liebe ignorieren. Es gibt Zeugnisse solcher oder doch ähnlich starker Liebe zu allen Zeiten und sogar bei Völkern, die keine biblische Überlieferung kennen. Die Ehe ist eben nicht nur „Institution“, die der Mensch auszufüllen hat, wenn er in sie „eingetreten“ ist, und die er bis zum Tod nicht mehr verlassen darf. Unter dem Eindruck der Zwänge in vielen realen Ehen wird vom Ehestand jedoch als einem zu erduldenden „Wehe-Stand“ geredet. Ohne die ursprüngliche Idee vom Geheimnis der Ehe kann diese zu einem lebenslänglichen Gefängnis werden, aus dem es kein Entrinnen mehr gibt.

Auch im Neuen Testament wird Ehe als ein Geheimnis zwischen Mann und Frau beschrieben, das von der personalen Kraft beider Partner lebt und sogar mit der lebendigen, froh machenden, ewigen Gemeinschaft Jesu und seiner Gemeinde verglichen wird (Epheser 5,22 f.). Das wurde und wird oft übersehen – und so ist die Ehe in der Vorstellung vieler Menschen nicht mehr das Ergebnis der gegenseitigen liebevollen Zuwendung zwischen einem Mann und einer Frau, sondern ein Anspruch an die beiden, den sie zu erfüllen haben, ob es ihnen gefällt oder nicht. Eine solche Sicht von der Ehe kennt die Bibel aber nicht.

Es dürfte jetzt für Christen an der Zeit sein, die Frage nach der Ehe, wie Gott sie meint, neu zu stellen und sich mit denen ins

Gespräch einzulassen, denen es nicht vergönnt ist, ein auch nur annähernd erfülltes Eheglück im biblischen Sinne zu erleben. Es wird Zeit, dass wir von dem Gedanken wegkommen, es sei „unmoralisch", wenn einer unter uns als Christ keine Ehe nach Gottes Konzept leben kann, weil ihm oder dem Ehepartner die wichtigste Voraussetzung dafür fehlt, nämlich die von Gott „erfundene" erotische Liebe. Alle anderen Kriterien sind für eine gelingende Ehe zweit- oder drittrangig.

Die Erfahrung lehrt, dass beispielsweise eine auf erotische Zuneigung gegründete „Mischehe" viel glücklicher – und darum auch Gott wohlgefälliger – verläuft als eine Ehe zweier Partner gleichen Bekenntnisses, denen die Liebe zueinander fehlt. Es ist falsch, wenn in Fragen der Ehe *konfessionelle* Hürden aufgestellt werden, die jungen Menschen das Heiraten erschweren. Bei allem Respekt vor den subjektiv ehrlichen Absichten dogmatischer Bedenkenträger, auch sie sollten wissen, dass für eine Ehe nichts so wichtig ist wie die Liebe der beiden, die heiraten wollen.

Auch die Tatsache, dass „Mischehen" gefährdeter sind als bekenntnisgleiche, sollte nicht zu sehr in eine Eheberatung einfließen. Weil Ehe eine rein irdische Lebensform ist, die jenseits des Grabes keine Bedeutung mehr hat, sollte man sie auch nicht ins „Himmlische" überhöhen und mit allerlei geistlichen Inhalten ausschmücken wollen. Ehe als Lebensform kann nicht primär nur von religiösen Impulsen leben, sondern sie ist die von Gott gewollte innigste Lebensweise zwischen einem Mann und einer Frau. Als geradezu übergeistlich müssen alle seelsorgerlichen Ratschläge abgewiesen werden, die das Fehlen der erotischen Liebe für den Bestand einer Ehe als entbehrlich hinstellen oder gar die eheliche Liebe als Hindernis für die Heiligung ablehnen, was in freikirchlichen Kreisen vereinzelt immer noch der Fall ist.

Ein klassisches Beispiel dafür, wie jemand vor lauter gutem Willen und perfektem Gehorsam Gott gegenüber in seiner Ehe scheitern kann, bietet das tragische Schicksal des großen Methodistenpredigers *John Wesley* (1703–1791). Er liebte ein Mädchen von ganzem Herzen, misstraute jedoch seinen Gefühlen, weil er Gott gefallen und Gottes Willen in der Sache wissen wollte. Er wandte sich in dieser Angelegenheit an die „Brüder“ des *Nikolaus Ludwig Graf von Zinzendorf* in Herrnhut, mit denen er sich geistlich verwandt fühlte. Sie warfen – ihrer damaligen Praxis gemäß – einfach betend ein Los, welches ein Nein ergab. *John Wesley* nahm diese „göttliche“ Entscheidung schweren Herzens an, wurde aber später nie ein glücklicher Ehemann. Auch seine Verlobte fühlte sich zutiefst verletzt und heiratete binnen weniger Wochen einen anderen (der Arme!).

John Wesley selbst ließ sich als bereits 50-jähriger Mann eine spanische Witwe aufschwatzen, die ihm mit ihren vier Kindern das Leben zur Hölle und seinen Dienst als Prediger zeitweise fast unmöglich gemacht hat. Als sie, die als eine Furie beschrieben wurde, ihm davongelaufen war, holte sie der ernüchterte Gottesmann nicht mehr zu sich zurück. Er zog es vor, mit dem Makel zu leben, zur Ehe nicht fähig zu sein – was bei seinem Bekanntheitsgrad und seinen vielen theologischen Feinden gewiss nicht leicht zu ertragen war. Was wäre aus John Wesley geworden, wenn er die Frau geheiratet hätte, die er von Herzen geliebt hatte?

Dieses Beispiel steht für viele andere. Immer wieder haben junge Christen bei der Partnerwahl um die Erkenntnis des Willens Gottes gebetet und den Rat erfahrener Christen gesucht. Und nicht immer wurden sie richtig beraten und damit in schwierige Ehen gelenkt, weil man vor lauter christlicher „Entschiedenheit“ die einfache biblische Wahrheit nicht sah, die da lautet: Wenn Gott einen Mann und eine Frau zusammenführt, schenkt er den beiden die eheliche Liebe, wie sie im „Lied der Lieder“ für alle Zeiten beschrieben ist. Das ist sein „Los“, sein väterliches, wohlgefälliges Geschenk und seine himmlische Mitgift für eine gute Ehe. Natürlich müssen junge Christen eine solche Gnade auch haben wollen.

Vom Verdacht einer Selbstrechtfertigung

Wird hier vom Autor nicht eine falsche Weichenstellung vollzogen? Kann sich bei dieser Sicht der Dinge nicht jedermann leichtfertig selbst bemitleiden oder entschuldigen, wenn seine Ehe nicht klappt? Bekommen Christen, die dieses Buch lesen, nicht einen „Freibrief" zur Scheidung angeboten? Mit derartigen Reaktionen muss leider gerechnet werden. Es wird immer Christen geben, die ein Schlupfloch für ihre vermeintliche Opferrolle suchen.

Dennoch wäre es absurd, anzunehmen, dass sich ein Ehepaar wegen der hier beschriebenen ausgewogenen Aspekte gleich auf den Weg zum Scheidungsrichter machen wird. Wer dem Wort und dem Geist Gottes folgen will, kann sich gar nicht vorschnell als ein in seiner Ehe Gescheiterter präsentieren. Er wird schon vorher jede andere Möglichkeit erwogen, jede nur mögliche Gnade erbeten haben, um die Katastrophe einer Scheidung zu verhindern, die ihn in jedem Falle viel Kraft kosten wird.

Christliche Eheleute können immer auch Friedenswege finden, auf denen die fehlende Liebe durch gegenseitiges Verstehen und Mitleiden kompensiert wird. Zum Zerbruch der tragenden Säulen einer solchen „Notgemeinschaft" kommt es erst durch anhaltende Konflikte, die tiefere Gründe haben. Meistens liegen sie in der schon erwähnten totalen Wesensfremdheit der beiden Partner und viel seltener an der ehelichen Untreue eines verheirateten Christen. Nur ein solcher Fall ehelicher Untreue ist Ehebruch im eigentlichen, d. h. auch im juristischen Sinne.

Die Möglichkeit, dass eheliche Liebe aufgrund innerer Entfremdung – ohne äußere Einwirkung – verlöschen kann, mag manchem aufrichtigen Christen wehtun oder einen anderen zu heftigstem Widerspruch reizen. Zu tief sitzt der Gedanke, dass es eine Ehescheidung – oder gar eine zweite Ehe – für einen „wirklichen" Christen nicht geben *darf*. Es gibt die Meinung, wer für Barmherzigkeit mit geschiedenen und wiederverheirateten Christen plädiert, der suche in der Bibel nur Belege, die seinen eigenen Ehebruch rechtfertigen sollen. Gerade weil diese Meinung in manchen christlichen Kreisen so hartnäckig vertreten wird, muss um des Evangeliums willen ein Plädoyer für Barmherzigkeit geschrieben und den Christen vorgelegt werden.

Denn dieses Plädoyer (der Begriff ist vom juristischen Gebrauch abgeleitet) wendet sich ja nicht etwa an Gott. Der gute Gott hat seine Barmherzigkeit mit *jedem* reumütigen Sünder bereits unwiderruflich beschlossen und im Evangelium verkündigen lassen. Und die Gnade der Vergebung spricht er nicht nur jedem Mörder, Sittlichkeitsverbrecher und rücksichtslosen Despoten nach geschehener Reue und Umkehr zu, sondern auch seinen eigenen Kindern. Das Gleichnis vom „verlorenen Sohn" oder „barmherzigen Vater" (Lukas 15,11–24) macht das sehr deutlich.

Nein, nicht *Gott* soll durch ein Plädoyer umgestimmt werden, sondern solche Christen, die sich keine Gedanken darüber machen, dass Gott seinen Kindern die Schuld einer Ehescheidung vergibt. Man denke doch einmal über die Sünde der Ehescheidung und zweiten Ehe auch im Licht des Evangeliums nach. Denn auch die entschiedensten Christen können in ihrer Ehe scheitern.

Kapitel 2

Die Ehe nach dem Sündenfall des Menschen

Die Bibel lehrt, dass wir Menschen durch eine folgenschwere falsche Entscheidung des ersten Menschenpaares allesamt falsch „programmiert“ worden sind. Ursprünglich zum Leben mit Gott geschaffen, ließ sich der Mensch dazu verleiten, sein eigener Gott sein zu wollen. Aus Partnern Gottes waren dadurch überhebliche „Ichlinge“ geworden, die sich zu dem Irrglauben verführen ließen, ohne Gott mehr vom Leben zu haben als mit Gott. Man nennt diesen Vorgang in der theologischen Sprache den *Sündenfall.*

Er besteht nicht in einem moralischen Versagen des ersten Menschenpaares, weil es sich verbotenerweise „geliebt“ hätte – wie das im Volksglauben interpretiert wird, sondern in der verhängnisvollen Entscheidung gegen Gott und sein helfendes Wort. Die ersten Menschen haben das Reden Gottes unüberlegt in den Wind geschlagen. Aus dieser falschen Entscheidung resultieren nicht nur die immer schlimmeren moralischen Verfehlungen der Menschen, sondern auch alle Defizite an gesunder Vernunft sowie die Neigung zum puren Egoismus. Wir nennen es das „Böse“ auf Erden, das sich in der Geschichte der Menschheit mit zunehmender Tendenz fortsetzt, bis hin zur totalen Gesetzlosigkeit am Ende unseres Äons.

Da die Ehe einen Teil der ursprünglichen Gottesordnung für die Menschen darstellt, wurde auch sie durch den Sündenfall in ihrem tiefsten Kern und Wesen beschädigt. So wie das Verhältnis zu Gott fortan gestört war und nur durch immer neues Erbarmen Gottes überhaupt wenigstens notdürftig funktionierte, genauso wurde auch das ursprünglich vollkommene Verhältnis zwischen Mann und Frau – und durch sie alle späteren zwischenmenschlichen Beziehungen – nachhaltig beschädigt. Damit begann die Entwicklung jener verminderten Qualität menschlichen Daseins, die Jesus als „Hartherzigkeit" bei ihrem Namen genannt hat (Matthäus 19,8).

Die Bibel bringt uns im dritten Kapitel der Genesis (1. Mose 3) dem Problem auf die Spur: Als Gott den Mann wegen seines Versagens zur Rechenschaft zog, schob dieser die Schuld auf seine Frau – eigentlich sogar auf Gott, der ihm diese Frau zugesellt hatte. Und als Gott die Frau Eva für ihre Übertretung seiner väterlichen Anweisung zur Verantwortung zog, berief sie sich auf die „Schlange", die schon vor ihr da gewesen war und sie zu Zweifeln und Misstrauen Gott gegenüber verleitet hatte.

Hier wird zum ersten Mal ein innerer Bruch sichtbar: Der Mann distanziert sich von seiner Frau. Aus Adams Worten klingt unausgesprochen die Bereitschaft, seine Partnerin preiszugeben. Gott solle mit ihr machen, was er für richtig hält. Er, Adam, habe ja nur seiner Frau zuliebe von der verbotenen Frucht gegessen. Dass sich das erste Ehepaar nach dem Sündenfall vor seinem Schöpfer versteckt hat, zeigt an, dass sie beide vor Gott ein schlechtes Gewissen hatten und sich für ihr ungehorsames Verhalten schuldig fühlten.

Das war eigentlich schon der „innere" Ehebruch im Herzen der ersten Menschen. Von da an wurde *jede* nachfolgende Ehe für die Menschen mehr zu einer *Auf*gabe als zu einer *Gabe* Gottes. War vor dem Sündenfall eine totale Einheit und Harmonie zwischen ihnen zu konstatieren, so zeigten sich danach die egoistische Selbstbehauptung der beiden und das Abschieben der Schuld auf den anderen. Diese Neigung sitzt seitdem tief in jedem Menschenherzen.

Von da an setzte Gott für die Ehe eine neue Ordnung: Die Frau werde künftig nur unter starken Schmerzen Mutter werden können. (Bei keinem anderen Geschöpf ist die Geburt ihrer Nachkommenschaft mit solchen Wehen verbunden wie beim Menschen.) Die Bibel zeigt uns in einer Art rückschauenden Prophetie, dass die Geburtswehen als Strafe Gottes nur der Menschenfrau auferlegt worden sind. Und trotzdem würde sie Verlangen nach dem Manne haben und gerne Mutter werden wollen (1. Mose 3,16). Nach dem Sündenfall ergaben sich die Rollen für das Leben von Mann und Frau aus ihrer unterschiedlichen körperlichen und seelischen Verfassung. Der Mann als der physisch stärkere Partner übernahm jene Aufgaben, die schwerer und gefahrvoller waren – also ackern im Schweiße seines Angesichts, für das tägliche Brot sorgen und seiner Frau und den Kindern Schutz bieten. Die Frau als das physisch schwächere „Gefäß" sollte das machen, was wir heutzutage als „den Haushalt führen" verstehen. Mann und Frau waren aufeinander angewiesen und lernten es, einander zu dienen. Diese Ur-Erfahrung gilt bis heute und lässt auch die Ehe zweier gefallener Menschenkinder immer noch am besten gelingen.

Die Beschreibung der ersten getrübten Ehe enthält schon Hinweise auf typische Spannungen und Enttäuschungen, die bis heute jede Ehe gefährden und unter Umständen zerstören können. Und doch behielt auch der gefallene Mensch die Fähigkeit und den Drang der Liebe zum anderen Geschlecht.

Trotz aller Not im Zusammenleben der Menschen und aller Unordnung auf diesem Gebiet gab es immer wieder einmal Ehe- oder jedenfalls Liebespaare, deren Kraft zum Lieben und Leiden, Entsagen und Ertragen wirklich bewundernswert war und die „ein Stück Himmel auf Erden" erlebten. Abälard und Heloisa, Tristan und Isolde, Romeo und Julia sind Beispiele für die Sehnsucht nach totaler Liebe, die in die Kulturgeschichte der Menschheit eingegangen sind. Die Liebe zwischen Mann und Frau ist als natürlicher Drang zueinander für den Menschen zu allen Zeiten typisch geblieben.

Die griechische Sprache unterscheidet die Liebe zwischen Mann und Frau – als Erotik bezeichnet – von anderen Formen der Liebe, z. B. der Freundes- oder Gottesliebe. Vielleicht ist sie das Beste, was wir Menschen in dieser vergänglichen Welt noch als einen zarten Nachklang ursprünglicher Fähigkeit zur ehelichen Liebe in uns behalten haben. Der erotischen Liebe verdanken wir unzählige schöpferische Impulse in der Kulturgeschichte der Menschheit.

Aber gefährdet und zerbrechlich bleibt jede Ehe dennoch immer. Diese Erfahrung machen zwei Menschen auch dann, wenn sie sich als Christen unter die Autorität und den Willen Gottes stellen. Denn seit dem Sündenfall vollzieht sich Ehe immer im Spannungsfeld zwischen Selbstentsagung und Selbstbeglückung, immer auch zwischen Gefühlswallungen und Gefühlsarmut.

Wir wissen nicht, wie Adam und Eva mit ihrer Sexualität vor ihrem Sündenfall umgegangen sind. Die Meinung, dass sie diese Veranlagung erst nach dem Sündenfall „entdeckt“ hätten, ist abwegig und reine Spekulation. Sie wird von der Überlegung genährt, dass Eva ihren ersten Sohn erst nach dem Verlust der Gemeinschaft mit Gott geboren hat. Wie gesagt, wird in der landläufigen Vorstellung vieler Menschen der „Sündenfall“ des ersten Menschenpaares sogar als ihr erster Geschlechtsverkehr interpretiert. Das ist jedoch falsch. Denn die Sexualität ist die göttliche Idee davon, wie sich alle geschaffenen Lebewesen fortpflanzen und vermehren sollen. Sie ist auch beim Menschen nicht aus sich selbst sündig oder unrein, sondern sie ist ein Geschenk Gottes. Sogar säkulare Dichter schwärmen von ihr als von einer „Himmelsmacht“. Sonst wäre die Menschheit ja schon längst ausgestorben.

Die Ehe scheiden — oder erleiden?

Es ist offensichtlich, dass nicht jeder Mensch zu einer bleibenden, selbstlosen und opferbereiten Liebe so fähig ist, wie er es vor dem Sündenfall gewesen sein mochte. Die Erfahrung lehrt, dass der Verlust der Gemeinschaft mit Gott – also die Ignoranz gegenüber seiner Selbstoffenbarung in der Natur und in seinem Wort – sich immer im Verfall sittlicher Werte äußert. Der Apostel Paulus beschreibt diese Dekadenz (Entartung) als Ergebnis des „eitlen, verfinsterten und unverständigen Herzens", mit der sich ein Mensch selber zugrunde richtet. Er hält sich für so klug, dass er nicht an Gott glauben will. Gleichzeitig schämt er sich aber nicht, unglaubliche scheinwissenschaftliche Theorien zu glauben und sein Vertrauen auf erfundene „Abgötter" zu setzen, etwa auf ein fadenscheiniges Horoskop oder sogar auf dämonische Mächte (Römer 1,18–25).

Die Hartherzigkeit des gefallenen Menschen hat viele Gesichter und bringt es mit sich, dass gerade auf sittlichem Gebiet allerlei Gier und Maßlosigkeit um sich greifen. Aber sie zeigt sich auch darin, dass nicht jeder Mensch die Kraft findet, seine Ehe mit einem unpassenden Partner unter allen Umständen lebenslänglich durchzuhalten. Wenn die erotische Liebe fehlt, ist eine Ehe keine Ehe mehr, sondern eine Art sozialer Partnerschaft. Deshalb gab Gott in seinen Zehn Geboten unter anderem auch Weisungen für die Ehe, die dazu verhelfen sollen, dass ein Mensch seine Ehe nicht leichtfertig kaputtgehen oder kaputtmachen lässt.

Dabei gilt als göttliche Weisung, dass der Mensch seine sexuelle Lust nicht einfach triebhaft und unbeherrscht „austoben" soll. Er soll seine Sexualität in „Kultur" einbetten, etwa durch nicht nachlassendes liebendes Werben um seine eigene Frau oder den eigenen Mann, durch rücksichtsvolle Zärtlichkeit, Wärme der Worte, Nähe und Berührung, Zeit für das Liebesspiel und tiefstes Zutrauen zu dem Menschen, mit dem er „ein Fleisch" werden will.

Die Ehe ist von Gottes Absicht her selbstverständlich nicht *nur* eine sexuelle Beziehung zwischen einem Mann und einer Frau. Aber ohne sie ist eine Ehe keine Ehe im vollen Sinne des Wortes. Es kann aber jedem Ehepaar passieren, dass ihr gegenseitiges sexuelles Verlangen gänzlich erlischt, auch wenn sie ihre Ehe einmal mit viel Hoffnung und gutem Willen begonnen haben. Wenn die „Chemie" der beiden Menschen sich mit der Zeit als absolut gegensätzlich herausstellt, erlischt auch das sexuelle Feuer.

Eine Ehe ohne die leibliche Gemeinschaft von Mann und Frau ist nicht „normal", obschon es eine Lebensgemeinschaft der beiden auch auf einem anderen Fundament als dem der sexuellen Verbindung geben kann. Das sind dann zwei Menschen, die sich trotz mancher Meinungsverschiedenheiten in ihrem tiefsten Herzensgrund mögen und nicht voneinander trennen können. Zwischen ihnen entwickelt sich eine Art Geschwisterlichkeit, was bei Christen durchaus öfter passiert als bei Nichtchristen. In dieser Hinsicht gilt die grundsätzliche Aussage Jesu, dass jeder Mensch im Blick auf seine Ehefähigkeit seine eigene Gabe (Charisma) hat.

Wenn die Eheleute Christen sind, hilft ihnen die göttliche Liebe – die im Griechischen *Agape* heißt – manchmal so, dass sie wie Bruder und Schwester im Frieden weiter miteinander leben und Gott dienen können. Das klappt langfristig aber nur, wenn beide Partner auch anderen Frauen oder Männern gegenüber grundsätzlich keine erotischen Regungen verspüren. Andernfalls besteht immer die Gefahr, dass bei einem der Partner eine neue erotische Liebe zu einem Dritten aufbricht. Das bedeutet für das christliche Gewissen einen leidvollen seelischen Prozess, der dann doch mit einer Scheidung, mit einer seelischen Erkrankung oder mit einem Selbstmord enden kann.

Vielleicht hat Gott deshalb die Scheidung der Ehe in bestimmten Fällen erlaubt. Denn er ist ein überaus menschenfreundlicher Gott, der seine Geschöpfe nicht in eine freudlose und aufreibende Beziehung zwingt, die nur noch wegen religiöser oder gesellschaftlicher Zwänge aufrechterhalten werden müsste. Gottes Güte und Erbarmen mit seinen Kindern kommt auch darin zum Ausdruck, dass er die Bigamie (Doppelehe) im Volk Israel geduldet hat (5. Mose 21,15–17). Ein Mann mosaischen Glaubens durfte auch zwei Frauen haben.

Die Tatsache, dass Gott einen solchen Zustand duldete, zeigt einmal mehr, dass er mit seinem Gesetz den Menschen in ihrer Ehe helfen, sie aber nicht zwingen will, eine zur Nicht-Mehr-Ehe gewordene Beziehung unter allen Umständen aufrechtzuerhalten. Diese biblische Perspektive von Ehe wird in der Regel unter einseitiger Berufung auf das Neue Testament verdrängt. Auch die kirchliche Trauformel suggeriert den Gedanken, dass *jede* Ehe nach dem Willen Gottes von lebenslänglicher Dauer sein *müsse*.

Doch der zu einem Schwur erhobene Zusatz „... bis dass der Tod euch scheidet“ steht nirgends in der Bibel. Der Gott des AT ist jedoch auch der Gott des NT, und die Menschen, mit denen sich Gott einlässt, waren im AT nicht schlechter und sind im NT nicht besser als alle anderen Menschen. Sie sind Sünder, die trotz ihrer mangelhaften „Güteklasse“, allein durch Gottes Barmherzigkeit seine Partner werden können. Gott weiß wohl am besten, dass seine Menschen es schwer haben, wirklich ideale Ehepartner zu sein.

Es geht bei dieser Argumentation weder um eine Verteidigung der Scheidung noch gar der Bigamie. Es soll nur klar werden, dass Gott die Einehe nicht als die alleinige Ordnung für Mann und Frau streng und ohne Ausnahme fordert. Er hat die Folgen der menschlichen „Hartherzigkeit“ überall zu mildern erlaubt und die Schwächen seines gefallenen Lieblings „Mensch“ ohne Groll hingenommen. In den damaligen sozialen Verhältnissen war es für eine ungeliebte Frau immer noch besser, die zweite Ehefrau eines Mannes zu bleiben, als von ihm verstoßen zu werden. Gott bewertete den an sich traurigen Zustand gescheiterter Ehen offenbar nicht allein nach moralischen Kategorien, sondern auch nach den wirtschaftlichen Umständen.

Nun wird sich wohl kein Christ eine Doppel- oder Mehrfach-Ehe wünschen oder bei anderen Christen gutheißen. Jede Abweichung von der Einehe, wiewohl wir Beispiele dafür auch in der Bibel finden, ist nur ein Notbehelf und kann nichts an der ursprünglichen Absicht Gottes ändern, die ganz auf die Monogamie (Einehe) fokussiert ist. Wahre Liebe kann nur in der Einehe gedeihen. Nur ein maßlos triebhafter, psychisch verarmter Mensch kann sich Sex ohne Ehe, bzw. Sex mit zwei oder mehreren Partnern gleichzeitig wünschen. Darum ist die Prostitution – freiwillig oder gezwungen – am Ende immer ein großes Unglück für jeden Menschen.

Die Kirchen, denen die Bibel als göttlicher Maßstab gilt, sollten die Art und Weise nicht übersehen, wie Gott mit Ehe, Ehescheidung und zweiter Ehe umgegangen ist: Der innere Zerbruch und die vollzogene Scheidung einer Ehe zählten in Gottes Augen nicht zu den Unzuchtsünden (z. B. 3. Mose 20 und 5. Mose 22), denn Unzuchtsünden wurden in Israel ohne Ausnahme mit dem Tod bestraft. Er hat auch keinen Menschen mit Strafen bedroht, der sich – aus welchen Gründen auch immer – scheiden ließ.

Die Ehe wollen – und doch nicht können?

Wenden wir uns jetzt wieder den Menschen zu, die als Christen in ihrer Ehe gescheitert sind und deshalb von ihren Kirchen auch heute noch bestraft werden.

Weil die eheliche Gemeinschaft auf Erden jetzt anders aussieht als an ihrem Anfang im Paradies, haben zwar manche Dichter sie noch besungen und gerühmt, aber das sogenannte einfache Volk hat darüber eine eigene Philosophie entwickelt. „Ehestand ist Wehestand“ lautet eine Spruchweisheit, die man besonders in ländlichen Gegenden öfter zu hören bekommt. Dahinter steht eine lange Erfahrung, die man schon als „wissenschaftlich“ einstufen könnte, denn sie basiert auf der Beobachtung fast gesetzmäßiger Abläufe, die sich ständig in ihren Mustern wiederholen und daher schließlich im Volk als „normal“ angesehen werden. Deshalb hat sich ganz allgemein eine illusionslose, eher negative Bewertung der Ehe im Bewusstsein der abendländischen Völkerwelt breitgemacht. Erstaunlich und erfreulich ist aber, dass sich die Menschen trotz solcher realistisch-fatalistischer Einsichten nicht vom Heiraten abhalten lassen.

Auch in der angeblich guten alten Zeit hat man mit Sex nicht immer bis zur Ehe gewartet, sodass es zu allen Zeiten unehelich geborene Kinder gab. Deren Mütter wurden in der Regel gesellschaftlich geächtet und die „ledig" geborenen Kinder selbst verspottet und gedemütigt. Auch deshalb versagten sich die jungen Leute in früheren Zeiten wohl oder übel intime Zärtlichkeiten vor der Ehe. Wer nicht zu lange warten wollte, der „musste" früh heiraten. Das war allgemein üblich. Zu allen Zeiten gingen junge Menschen ihre Ehe in der Hoffnung ein, dass sie gelingen und glücklich werden würde.

Die meisten christlichen Autoren, die über Liebe und Ehe schreiben, gehen davon aus, dass die Ehe nach dem Willen Gottes *unauflöslich* ist. Da Menschen als „Paar-Wesen" geschaffen wurden, ist das auch in der Tat das Beste für sie. In der Regel geben christliche Autoren gute Ratschläge, wie diese wünschenswerte lebenslängliche Verbindung zwischen Mann und Frau gelingen kann, oder sie legen Zeugnis davon ab, wie sie ihre eigene Ehe – trotz mancher Krisen – auf eine solide Basis stellen konnten. Das ist natürlich lobens- und beneidenswert.

Kompetente Ratgeber wissen aber selbst am besten, dass es nicht ihr eigenes Verdienst ist, ihre Ehe lebenslänglich hochgehalten zu haben. Vielleicht war ihre Ehe auch nie einer wirklich *unerträglichen* Belastung ausgesetzt. Die angeratenen Lösungsversuche, welche Christen einen Ausweg aus der Klemme aufzeigen wollen, berühren gewöhnlich die eigentliche Not einer gescheiterten Ehe nicht wirklich. Es fehlt den Ratgebern die eigene Erfahrung. Sie können sich anscheinend gar nicht vorstellen, dass ein Christ in seiner Not zu Gott geschrien und um seine Hilfe gebetet hat, ehe er sich scheiden ließ.

Ein solcher Christ leidet in einer erloschenen Ehe doch selbst am meisten darunter, dass es ihm nicht mehr gelingt, die Liebe zu seinem Partner noch einmal neu zu entfachen. Ihm hilft es leider nicht, wenn ihm andere Christen erzählen, wie ihre krisenhafte

Ehe mit Gottes Hilfe wieder ganz neu geworden ist. Es kann mit der Heilung einer Ehe ähnlich zugehen wie mit der Heilung einer Krankheit: Die einen erleben es, die anderen nicht.

Schwierig wird es für die in ihrer Ehe unglücklichen Christen gerade dadurch, dass ihr Leiden an einer verfehlten Ehe von ihrer kirchlich beeinflussten Umwelt immer noch als *moralisches* Versagen interpretiert wird. Sie wollen oft nicht einmal mit dem eigenen Pastor darüber reden, weil sie seine „Entschiedenheit" in dieser Frage kennen und deshalb auf kein Verständnis bei ihm hoffen können. Er sagt ihnen in den meisten Fällen nichts anderes, als dass sich ein Christ nicht scheiden lassen *darf.*

So geraten die unglücklichen Menschen ins kirchliche Abseits, quälen sich in vielen Fällen mit Gewissensbissen, verachten sich manchmal selbst und vegetieren dann nur noch dahin wie Blumen, denen niemand Wasser gibt. Diese armen Menschen sind nicht zu beneiden. Ihre Herzensnot ist umso bedrückender, je mehr sie sich an Gottes Wort gebunden fühlen. Sie möchten so gerne mit ihren Eheproblemen zur Ruhe kommen, aber sie vermögen es nicht. Denn *eheliche* Liebe kann man nicht „machen" und schon gar nicht befehlen oder einfordern. Mit der göttlichen Liebe, der *Agape*, kann man zwar auch einen ungeliebten Partner noch als Bruder oder Schwester lieben. Aber das ist dann keine Ehe mehr.

In diese Kategorie sind auch solche Ehen einzustufen, in denen die erotische Liebe wegen einer Krankheit nicht mehr ausgeübt werden kann, beispielsweise bei einer Querschnittslähmung oder nach einer Operation im Genitalbereich. Dann bekommt das Gewicht, was bei dem öffentlichen Gelübde abgefragt wird, nämlich einander „in guten und in bösen Tagen" die Treue zu halten, bis dass der Tod einen von dem anderen scheidet. Dieser eheliche Treueschwur kommt in der Bibel nicht vor, er kann aber im Falle einer durch Krankheit bedingten „Unfähigkeit zur Ehe" dazu führen, dass ein charakterstarker oder an Christus gebundener Mensch seine Ehe auch ohne erotische Gefühle fortsetzt, ohne dass er in eine *Ehenot* gerät. Solche Männer oder Frauen sind aller Hochachtung wert, aber sie müssen bedenken, dass nicht jeder Christ die gleiche Gnadengabe hat wie sie.

Christen, die in Ehenot geraten, sollten nicht einfach mit dem Buchstaben der Bibel abgespeist werden. Vielleicht haben sie sich einmal *ver*heiratet – so wie man sich verlaufen, verirren, vergreifen oder verfehlen kann. Es ist sehr hartherzig gedacht, wenn man eine solche *Ver*heiratung als in jedem Falle endgültig und unabänderlich lehrt und einfordert. Es hat sogar den Fall gegeben, wo christliche Eltern ihrer Tochter – die von ihrem der Trunksucht verfallenen Mann erniedrigt und ständig geschlagen wurde –, anstatt ihr Trost und Hilfe zu geben, einschärften: „Du bist seine Frau. Du musst bei ihm bleiben, und wenn er auf deinem Rücken Holz hackt." Der nächste Schritt der verzweifelten Tochter war dann leider, dass sie den Strick genommen hat.

Warum können Christen ausgerechnet in der Frage der Ehescheidung so lieblos sein? Es passieren doch auch auf anderen Gebieten ständig tragische Verschuldungen. Würden die Kirchen die „Härte" des menschlichen Herzens in allen Lebensbereichen so konsequent dem Buchstaben nach bestrafen, wie sie es bei Geschiedenen tun, dann müssten sie vielleicht noch manches Gemeindeglied in die Mangel nehmen – und womöglich den Pfarrer noch dazu. Es ist doch in der Tat nicht in Ordnung, wenn in Kirchengemeinden andere Sünden bagatellisiert werden, etwa Ehrgeiz, Titelsucht, Machtstreben, Intrigenspiel und Scheinheiligkeit – an denen ganze Familien zerbrechen können –, ohne dass sich jemand darüber aufregt. Oder wenn Lüge, Verleumdung und üble Nachrede einen Menschen ins Unglück oder in eine Krankheit, ja sogar zum Selbstmord treiben? Das alles gibt es doch überall in den Kirchen, Freikirchen und christlichen Sondergemeinschaften.

Aber „das alles" wird den Menschen offensichtlich stillschweigend „vergeben"; – alles wird ihnen vergeben, nur eine Ehescheidung nicht. Es ist bisher kein einziger Fall bekannt, dass ein Gemeindeglied wegen seines Geizes (Geldgier) unter Gemeindezucht gestellt oder gar ausgeschlossen worden wäre, obwohl diese Sünde in der Bibel als eine Wurzel *allen* Übels verstanden und von Jesus regelrecht gegeißelt geworden ist.

Ohne Zweifel spielt bei katholischen Christen dabei die Überhöhung der Ehe in den Rang eines Sakraments eine wichtige Rolle. Diese Rigorosität gibt es aber glücklicherweise nicht mehr in allen Kirchen. Besonders im reformatorischen Lager setzt sich die Einsicht durch, dass auch Christen in ihrer Ehe scheitern können. Bei evangelischen Christen gilt die Ehe – frei nach Luther – als „ein weltlich Ding", mit dem man die Majestät Gottes nicht beleidigen und seine Gnade nicht aufs Spiel setzen kann. Auch die disziplinarischen Maßnahmen werden in manchen Kirchen aus seelsorglichen Motiven schon milder; selbst geschiedene Geistliche verlieren wegen ihrer Ehescheidung nicht mehr automatisch ihr Amt, wie das früher üblich war.

Dieser in der Seelsorge wichtige Wandel wird indessen von Gemeinden mit „entschiedenen" Christen argwöhnisch als Zugeständnis an den Zeitgeist verstanden. In solchen Kreisen ist man in dieser Hinsicht noch katholischer als die Katholiken, die trotz ihrer verbindlichen Ethik bemüht sind, an ihren geschiedenen Kirchenmitgliedern individuelle Seelsorge zu üben. Sie lassen ihre Geschiedenen zwar nicht zur Eucharistie (Abendmahl) zu, aber sie verlassen sie auch nicht ganz. Ein geschiedener Katholik kann sich sogar aktiv in seiner Kirchengemeinde einbringen und auch eine menschenwürdige kirchliche Beerdigung wird ihm nicht versagt.

Ehescheidung in der Diskussion

Es gab zu allen Zeiten wirklich fromme Menschen, die unter dem Druck kirchlicher Gebote einen Ausweg aus ihrer unerfüllten Ehe suchten. An *Ehescheidung* war seit dem frühen Mittelalter im christianisierten Europa „offiziell" nicht zu denken. Unglücklich verheiratete Christen konnten aber unter bestimmten Umständen *getrennt* leben, ohne sich formal scheiden zu lassen, was ja verboten war. Wollte eine unglücklich verheiratete Frau dem unerträglichen Joch einer verfehlten Ehe entgehen, gab es für sie – wenn sie kinderlos geblieben war – den Weg in ein Kloster. Dann galt ihre Trennung vom Ehemann nicht als moralisch verwerflich, weil sie sich sozusagen für ein noch höheres Gut als das der Ehe entschieden hatte. Ein solches Vorrecht war allerdings nur höher gestellten Frauen eingeräumt und wurde in der Regel im Stillen vollzogen.

Ähnlich sind in der Galerie der „Heiligen" auch ehrenwerte Männer bekannt, die ihre Frauen und Familien verlassen haben, um als Einsiedler oder Mönche Gott besser dienen zu können. Wenn sie reich waren, haben sie in der Regel ihre Angehörigen nach bestem Vermögen für ihre Zukunft wirtschaftlich versorgt. Zu ihnen gehörte z. B. der legendäre „Bruder Klaus", wie man *Nikolaus von der Flüe* (1417–1487) genannt hat. Er trennte sich von seiner Frau und seinen zehn Kindern und wurde zum Einsiedler. Solchen „Heiligen" muss man zugutehalten, dass sie nach der von ihrer Kirche sanktionierten Trennung nicht mehr geheiratet haben. Das erschien der katholischen Kirche tragbarer als eine Ehescheidung, die jemand eventuell vollzogen haben würde, um noch einmal heiraten zu können.

In der katholischen Moraltheologie und in der (evangelischen) christlichen Ethik wurden die Aussagen des Neuen Testaments, die von Ehescheidung und Wiederverheiratung handeln, so verstanden, dass zwei sterbliche Menschen ihre Ehe auf Gedeih und Verderb durchhalten *müssen*. Bei dieser Rigorosität berief man sich auf das Wort Jesu, dass Ehe*scheidung* nichts weniger ist als ein Ehe*bruch*. Es stimmt, Jesus hat im selben Atemzug sogar gesagt: *„Jeder, der eine* (verheiratete) *Frau anblickt, um sie zu begehren, treibt schon Ehebruch mit ihr in seinem Herzen"* (Matthäus 5,28), und zudem: *„Was Gott zusammengefügt hat, das soll der Mensch nicht scheiden."* Wer gegen diese Regel verstößt, der begeht *Ehebruch* (Markus 10,2–12).

Aber man muss diese Aussagen Jesu im Kontext seiner gesamten Lehre verstehen. Bruderhass wertete er ja beispielsweise auch als Mord. Wir werden die Absicht, die Jesus mit seinen radikalen Aussagen verbunden hat, noch eingehend studieren. Doch Jesus hat *nicht* gesagt, dass der durch eine Scheidung oder Wiederheirat begangene Ehebruch von Gott nicht vergeben würde. Jesus hat mit seinen radikalen Aussagen über *alle* Sünden kein Gesetz oder Gebot erlassen, welches Ehescheidung und Wiederheirat *verbietet*. Er hat auch in anderen Lehrfragen zu erkennen gegeben, dass es beim Halten der Gebote Gottes nicht um äußerliches Verhalten geht, sondern um Vorgänge im Herzen der Menschen (Matthäus 16,19–20). Damit wollte er seinen Zuhörern klarmachen, dass sie ihn und seine Barmherzigkeit allemal brauchen würden, wenn sie vor Gott bestehen wollten.

Der Apostel Paulus hat in seelsorgerlichen Fragen immer unterschieden zwischen den *Schwachen,* die eine geistliche Aufgabe nicht erfüllen *können*, und den *Bösen*, die sie nicht erfüllen *wollen*. Geschiedene Christen werden in manchen christlichen Kreisen noch immer in der Rubrik der „Bösen" geführt. Sie gelten als besondere Sünder, obwohl sie nichts Schlimmeres getan haben als jedes hochmütige, geldgierige, abergläubische, ausschweifende, unzüchtige, feindselige, streitsüchtige, neidische, verfressene und versoffene Kirchenmitglied.

Denn *alle*, die solche „Werke des Fleisches" tun, werden das Reich Gottes nicht erben (Galater 5,16–21). Aber es ist in der Geschichte der Kirchen und Freikirchen noch kaum jemand wegen einer Sünde aus den anderen beschriebenen Kategorien bestraft oder ausgeschlossen worden. Über die „Werke des Fleisches" (natürliche Neigungen) wird denn auch selten oder nie gepredigt, obwohl sie alle gleichermaßen vom Himmelreich ausschließen.

In kleinen christlichen Gemeinschaften und in exklusiven Zirkeln kann man noch immer massive Vorwürfe und manchmal sogar rüdes Vorgehen der „leitenden Brüder" erleben, die ihre Anhänger mehr oder weniger liebevoll „vermahnen“, sich ja nicht scheiden zu lassen. Aber mit den vielen anderen Bosheitssünden ihrer Mitglieder sind sie nachsichtig und vermeiden Strafen. Im Ringen um die erstrebte „Reinheit“ der Gemeinde gilt die Ehescheidung als viel schlimmer als die anderen „Werke des Fleisches“. Dadurch wird die Wahrheit des Evangeliums verdunkelt, welches doch den armen Menschenkindern die Vergebung aller Sünden zusagt – auch solcher Sünden, die Christen nach ihrer Bekehrung begangen haben (Johannes 1,16; 1. Johannes 1,8–2,2; Hebräer 4,14–16).

Bei der immer noch verbreiteten kirchlichen Strafpraxis müssen Christen, die in ihrer Ehe scheitern, oft zweimal durchs Feuer gehen: einmal, wenn sie sich vor Gottes Angesicht dazu bekennen, dass sie in ihrer Ehe gescheitert sind, und das andere Mal, wenn sie sich wegen ihrer Scheidung mit ihrer Kirche auseinandersetzen müssen. In der Regel lieben auch geschiedene Christen ihre Kirche. Sie würden deren tröstliche Gemeinschaft gerade in einer solchen turbulenten Phase ihres Lebens brauchen.

Die mit Scheidungsgedanken befassten Christen reden trotzdem mit Gott und flüchten an sein Vaterherz. Denn Gott kennt ihre Herzen, ihre Tränen und Gebete und natürlich auch ihre Schwächen. Er tröstet sie mit dem Zuspruch seines Wortes, wenn sie sich als letzten Ausweg aus ihrem Dilemma im Vertrauen auf seine Barmherzigkeit zur Scheidung ihrer Ehe durchgerungen haben.

Viele treue Kirchgänger urteilen jedoch anders als Gott. Sie erwarten Gottes „gerechte“ Strafe für die Geschiedenen und meinen, dass sie selbst sich von ihnen abwenden müssten. So kommt es immer noch dazu, dass ein Christ in seiner Gemeinde abgeschrieben wird, der längst den Trost der Vergebung von Gott ins Herz gelegt bekommen hat. Es ist ein großer Irrtum zu glauben, dass Gott einem seiner Kinder ewig zürnt, weil es sich zum Scheitern seiner Ehe bekennt. Zweifellos wäre es Gott wohlgefälliger, wenn ein Christ seine Ehe auch unter starken Belastungen aufrechterhielte, aber auch hier gilt der Satz, dass nicht jeder „das Wort fassen kann“ (Matthäus 19,12).

Vielleicht regt sich an dieser Stelle des Plädoyers bei manchem Leser heftiger Widerspruch. Soll Gott so barmherzig sein, dass er einem in der Ehe gescheiterten Christen die Schuld einer Scheidung vergibt? Sündigt solch ein Christ dann nicht sogar mit Vorsatz? Macht der sündige Mensch dabei nicht Gott zum Komplizen seiner Missetat? Umgekehrt darf man vom Evangelium her fragen: Sollte ein Christ, der mit seiner Ehenot fragend und hoffend vor Gott gestanden hat, von eben diesem Gott nicht verstanden werden, der seinen eingeborenen Sohn für *alle* Sünden der Menschen dahingegeben hat?

Immer mehr geschiedene Christen bezeugen, dass sie in der Gegenwart Gottes zusammengebrochen waren und danach von ihm wieder aufgerichtet wurden. Weder in der Bibel noch in der Geschichte der Kirchen gibt es einen Hinweis darauf, dass der gütige Gott einen geschiedenen Menschen von seiner Gnade ausgeschlossen oder unwiderruflich fallen gelassen hätte. Weil das so ist, kann es nicht richtig sein, wenn Kirchen anders urteilen als Gott. Zwar ist ein letztes Urteil Gottes noch über keinen Menschen gesprochen, aber die Gewissheit der völligen Vergebung schenkt Gott seinen schuldig gewordenen Kindern schon jetzt.

Scheidung ja, aber keine zweite Ehe?

Auch bei Christen ist es häufig so, dass sie nach ihrer Scheidung eine Wiederheirat planen. Man macht in christlichen Kreisen einen gewissen Unterschied zwischen der Scheidung und der Wiederverheiratung eines Christen. Erstere wird noch eher als ein Ausweg in bestimmten Fällen akzeptiert, weil sie die Möglichkeit einer Versöhnung geschiedener Eheleute offen lässt.

Eine Wiederverheiratung schließt dagegen die Wiederherstellung einer geschiedenen Ehe aus. Darum gilt sie in manchen Kirchen als die eigentliche Sünde eines (endgültigen) Ehebruchs, der vom Himmel ausschließen würde (1. Korinther 6,9). Die Jünger Jesu waren von dieser ernsten Perspektive einer möglichen Ehescheidung so irritiert, dass sie daraus folgerten: *„Wenn es zwischen Mann und Frau so steht, sollte man lieber gar nicht heiraten"* (Matthäus 19,10). Was Jesus darauf geantwortet hat, kann man dort nachlesen.

Laut Statistik heiraten die meisten geschiedenen Christen ein zweites Mal. Die Kriterien kirchlicher Toleranz gegenüber einer zweiten Ehe sind theologisch verschieden aufgestellt. Sie reichen von der Forderung einer radikalen Buße bis zu oberflächlichen und von biblischen Maßstäben unabhängigen Gefälligkeits- und Beliebigkeitsbekundungen gegenüber einer zweiten Ehe.

Ganz radikale Dogmatiker verlangen, dass der in zweiter Ehe verheiratete Christ sich von seinem zweiten Ehepartner wieder scheiden lassen und zum ersten zurückkehren müsste, weil er sonst „in fortgesetztem Ehebruch" lebte. In der Praxis bedeutet das, dass manche Kirchen eine zweite Ehe nicht oder nur nach strengen Regeln zulassen.

Sie behaupten damit, dass die betreffenden Christen mit ihrer zweiten Ehe „in ständiger Sünde leben", die ihnen von Gott nicht vergeben werden könne. Manche gehen so weit, dass sie rundheraus sagen, eine zweite Ehe geschiedener Christen sei sogar eine „Sünde wider den Heiligen Geist", um zu begründen, warum diese Sünde nicht vergeben werden könne.

Jesus hat tatsächlich vor der bleibenden „Sünde wider den Heiligen Geist" mit großem Ernst gewarnt – allerdings nicht Geschiedene, die noch einmal heiraten wollten, sondern die Theologen, die ihm unterstellten, mit dem „Obersten der Dämonen" im Bunde zu stehen. Jesus erklärte den unaufrichtigen mosaischen Theologen, worin die Sünde wider den Heiligen Geist tatsächlich besteht (Matthäus 9,34 f.). Sie hat mit einer wissentlichen, aber notvollen Ehescheidung nichts zu tun.

Die Ehescheidung ist ganz gewiss keine Sünde wider den Heiligen Geist. Jesus sieht die beiden „Delikte" – Scheidung und Wiederverheiratung – in einem bedingten Zusammenhang: *„Wer* *sich von seiner Frau scheidet ... und heiratet eine andere, der bricht die Ehe*" (Matthäus 19,9; bei Markus gilt das auch für die Frau). Scheidung und Wiederverheiratung sind in Gottes Augen Sünde. Aber sie sind keine größere Sünde als alle übrigen auch.

Oft wird in diesem Zusammenhang überlesen, dass sogar Jesus eine Ausnahme von der von ihm betonten Regel macht: Eine Scheidung wegen ehelicher Untreue (wörtlich: wegen Unzucht, auch vor der Ehe) trifft den unschuldigen Teil nicht als Schuld. Jesus sagt also nicht, dass auch der unschuldig Geschiedene nicht mehr heiraten dürfe. Das würde sonst bedeuten, dass jemand ohne eigene Schuld lebenslang zur Ehelosigkeit verurteilt wäre, nur weil sein Partner oder seine Partnerin die Ehe (durch Untreue) gebrochen hat.

Kirchen und Freikirchen argumentieren in dieser Frage unterschiedlich. Lassen wir hier wieder den Apostel Paulus zu Wort kommen. Er geht vom mosaischen Gesetz aus und sagt, dass eine Frau grundsätzlich an ihren Mann gebunden ist, solange dieser lebt (Römer 7,2 f.). Sie darf keinen anderen Mann heiraten, weil sie sonst als Ehebrecherin gilt. Wird eine gläubige Frau aber von ihrem ungläubigen Mann verlassen (scheidet er sich von ihr), so ist „*die Schwester nicht an das Gesetz gebunden*" (1. Korinther 7,15–17). Manche Ausleger verstehen das so, dass die gläubige Frau nicht mehr an den ungläubigen Mann gebunden ist. Andere verstehen es so, dass die gläubige Frau überhaupt nicht an die Regel des Gesetzes gebunden ist und wieder heiraten darf, auch wenn ihr geschiedener Mann noch lebt. Das gilt alles auch umgekehrt für den gläubigen Mann, wenn ihn seine ungläubige Frau verlassen hat. Dann darf nach diesem Verständnis des Paulustextes auch der geschiedene Mann wieder heiraten.

Man schließt also aus dem in der Kirchensprache so genannten *Privilegium Paulinum* auf eine mögliche Nichtigkeit der – aus Glaubensgründen – gescheiterten Ehe, sodass der gläubige (und unschuldige) Teil nicht sündigt, wenn er sich noch zu Lebzeiten seines geschiedenen Partners neu verehelicht.

Es ist schwer vorstellbar, dass so etwas wirklich Gottes Wille sein sollte. Paulus hat wohl in Übereinstimmung mit seinem eigenen Gewissen die seelsorgerlich einzig richtige Antwort gegeben. Er ergänzt die von Jesus genannte Ausnahme, wonach eine Ehescheidung wegen Untreue (Unzucht) vor Gott erlaubt wäre, um den Aspekt, dass auch eine Verschiedenheit in Glaubensfragen ein berechtigter Grund für eine Ehescheidung sein kann. Die ursprüngliche Idee Gottes mit der Ehe, die von Jesus in Matthäus 5,23 und 19,1–9 betont wird, war *vor* dem Sündenfall; aber danach fehlte dem gefallenen Menschen auf allen Gebieten der Ethik und Moral die Fähigkeit, Gottes Willen zu tun und seine Gebote zu halten.

Das hat niemand besser gewusst als Jesus. Darum hat er dem unschuldig Geschiedenen auch nicht mit dem Verbot einer zweiten Ehe das ganze Leben versalzen wollen. Der „Tod", der zwei Eheleute scheidet, wurde und wird von manchen Kirchen so verstanden, dass die eheliche *Liebe* ihren Tod findet und damit die Ehe aufhört, eine solche zu sein. Nach diesem Verständnis kann die Bindung zwischen Mann und Frau auch innerlich zerbrechen und erlöschen, ohne dass einer der beiden Eheleute sich einer Unzuchtsünde schuldig gemacht haben muss. Dann ist eine Ehe „von Gott selbst" geschieden, wie es in einem später zitierten Dokument heißt (vergl. Fußnote 9 auf S. 105).

Auf jeden Fall entspricht es dem Neuen Testament mehr, wenn wir jede Scheidung als Sünde und Verhängnis bewerten, für welches selten nur eine Seite schuldig ist. Entweder gilt dann die Vergebung für jede Scheidung, oder jede Scheidung wäre eine unvergebbare Sünde. Was soll aber aus einem Christen werden, der völlig unschuldig geschieden wurde? Die Vertreter einer radikalen Auslegung der Lehre Jesu haben darauf keine oder nur eine nicht hilfreiche Antwort, und die lautet: Der geschiedene Christ darf nicht mehr heiraten. Um auf die Gemeinschaft der Gläubigen und auf die Gottesdienste nicht verzichten zu müssen, wird er dann wohl in eine andere Kirche konvertieren.

Dass Paulus die Auflösung der Ehe durch den ungläubigen Partner im Sinne einer „Befreiung“ von allen Einschränkungen des mosaischen Gesetzes gelehrt hat, dürfte exegetisch unumstritten sein. Bemerkenswert bleibt das „Privilegium“ insofern auch, als Paulus in den betreffenden Versen ausdrücklich nicht das „Wort des Herrn“, sondern seine eigene Meinung vorträgt (1. Korinther 7,12 ff.). Daran wird immerhin erkennbar, dass auch er das Gebot Jesu nicht nur dem Buchstaben nach verstanden, sondern es in seelsorgerlich verantwortbarer Weise ausgelegt hat.

Kommen wir zu den Menschen zurück, die in ihrer Ehe gescheitert sind. Manchmal wird der Entschluss zur Scheidung durch die Liebe zu einem anderen Mann oder zu einer anderen Frau ausgelöst. In unserer modernen Gesellschaft begegnen sich Männer und Frauen am gemeinsamen Arbeitsplatz, im gemeinsamen Kirchenchor oder am Badestrand. Oft ist ein verheirateter Mann viele Stunden länger mit einer Kollegin zusammen als mit der eigenen Frau. Es entstehen Sympathien und Vertrautheiten und es kommt zu Annäherungen und schließlich manchmal zur „verbotenen“ Liebe.

Verheirateten Christen bereitet ein außereheliches Verhältnis wegen ihrer Untreue gegenüber dem Ehepartner Gewissensbisse. Ein lediger Christ, der eine verheiratete Person liebt, will sich vielleicht hüten, einen Ehebruch zu begehen, denn eine solche Liebesbeziehung wird im Neuen Testament so verstanden, dass der Ledige in die Ehe des Verheirateten einbricht und sich damit ebenfalls des Ehebruchs schuldig macht.

Aber wegen einer „zufälligen“, vorübergehenden Verliebtheit lässt man sich ja nicht gleich scheiden. Nur jemand, dessen Ehe faktisch nicht mehr besteht, wird sich eine bessere Ehe mit einem anderen Partner wünschen. Jedenfalls begeht ein Christ, der einen Geschiedenen heiratet, keinen „Einbruch in eine fremde Ehe“, wenn eine solche de facto gar nicht mehr besteht. Wer in eine zweite Ehe mit einem geschiedenen Christen einwilligt, der „zerstört“ keine Ehe, weil es in einer erloschenen Ehe nichts mehr zu zerstören gibt.

Den von religiösen Wertvorstellungen nicht beeinflussten Menschen bereitet der Gedanke an eine Scheidung kaum noch Gewissensbisse. Für Christen hingegen gilt Gottes Maßstab immer. Dennoch kann es auch Christen passieren, dass ihre Liebe in ihrer Ehe erlischt und sie sich zu einem anderen Menschen hingezogen fühlen. Man sollte ihnen nicht unterstellen, dass sie ihren Glauben verleugnet hätten.

Jeder Christ kennt das Wort Gottes und weiß um das Ziel, das Gott mit jedem seiner Kinder hat. Wenn er sich trotzdem zur Scheidung entschließt, hat er für sich keinen anderen Ausweg finden können. In der Praxis ist es meist so, dass beide Teile die Sinnlosigkeit ihrer erloschenen Ehe einsehen, weil sie für keinen von beiden mehr ein Glück bedeutet und sie sich im „Guten" trennen.

Hier muss eine geistlich fundierte Seelsorge einsetzen und in jedem einzelnen Fall eine Lösung gefunden werden, die vor Gott bestehen kann und den Betroffenen hilft. Mit Drohungen und Strafen kann man sich jedenfalls nicht auf Jesus und die Bergpredigt berufen. Wer nun aber befürchtet, dass durch ein so nachsichtiges Plädoyer für die „Gescheiterten" auch andere Christen gleich scharenweise zum Scheidungsrichter laufen werden, der möge doch bedenken, welch eine geistliche Not eine Scheidung für die Betroffenen bedeutet.

Auf jeden Fall wäre selbst ein Missbrauch dieses Plädoyers für Barmherzigkeit mit geschiedenen Christen leichter vor Gott zu verantworten als die tausendfachen seelischen Krankheiten und Zusammenbrüche, die durch die ungerechte Strenge kirchlicher Lehren über Christen hereinbrechen können, die sich scheiden lassen. So etwas kann doch niemals Gottes Wille sein.

Dieses Plädoyer für Barmherzigkeit mit geschiedenen Christen ist natürlich eine Herausforderung für „strenge" Christen. Aber sie mögen sich selber fragen, ob sie wirklich im Sinne Jesu Christi denken und handeln, wenn sie einem Mitchristen wegen seiner Scheidung den Zugang zu Gott und die Teilhabe am ewigen Leben absprechen. Wahrscheinlich wollen oder können sich die Betroffenen nicht zu Wort melden, weil die Reaktion der Kirchen ihnen für immer den Mund verschließt. Sie bleiben stumm vor Scham, aus Angst oder weil sie wissen, dass sie ihr Ansehen als Christen sowieso verloren haben. Am schlimmsten ist für geschiedene Christen, dass man ihnen unterstellt, ihre Scheidungssünde rechtfertigen oder kleinreden zu wollen, anstatt im Sinne ihrer Kirchen „richtig" Buße zu tun.

Die Diskussion zum Thema „Scheidung und zweite Ehe" wird am Anfang des 21. Jahrhunderts dadurch erschwert, dass in der heutigen christlich-abendländischen Gesellschaft eine Scheidungslawine in Gang gekommen ist, die niemand im Raum der Kirchen durch irgendwelche Zugeständnisse an den Zeitgeist zusätzlich fördern möchte. Die Interessenlage der Kirchen ist verständlich. Aber sie müssen sich andererseits fragen lassen, ob der Scheidungsboom unserer Zeit nicht teilweise auch auf die bisherige seelsorgerliche Praxis zurückzuführen ist, durch die geschiedene Christen in ihren Kirchen keinen Platz mehr fanden. Wer heute einen Rat fürs Leben braucht, geht eher zum Psychotherapeuten als zum Seelsorger. Und beim Psychotherapeuten bekommen die Menschen bekanntlich sehr selten eine Perspektive des Glaubens aufgezeigt.

Wir reden hier also von „praktizierenden" und „entschiedenen" Christen, die es in allen Kirchen gibt. Ihr Leben spielt sich in vielen Fällen noch als Mitglieder in ihren Kirchen ab. Ihre Eheprobleme haben nichts mit dem Zeitgeist zu tun. Sie wären in ihre ganz individuelle Not auch dann gekommen, wenn sie im 15. oder 19. Jahrhundert gelebt hätten, also in einer Zeit, in welcher Ehescheidungen noch ganz und gar verpönt waren. Lediglich insofern sind sie Kinder unserer Zeit, als sie eher von der Möglichkeit Gebrauch machen, sich aus ihrer Ehenot zu befreien. Dass sie dabei auch von der Bibel her berechtigte Fragen an ihre Kirchen stellen, dürfte mehr das Werk des Heiligen Geistes als das Wirken des Zeitgeistes sein.

Dass die Scheidungen auch unter Christen zunehmen, muss kein Zeichen für eine zunehmende Gottlosigkeit sein. Es ist eine alte Erfahrung, dass „nichts zwei wesensfremde Persönlichkeiten einander mehr entfremdet als ihr ständiges Zusammenleben" (Marie von Ebner-Eschenbach). Diese Entfremdung konnte zu allen Zeiten passieren und sie passiert auch heute noch. Wenn Ehescheidung solchen Menschen widerfährt, „die mit Ernst Christen sein wollen" (Luther), sollte ihnen nicht mit Vorhaltungen aller möglichen Art begegnet werden, sondern mit der christlichen Barmherzigkeit, die das Gericht über einen Mitchristen allein Gott überlassen kann.

Das ist verständlicherweise nicht immer leicht, besonders wenn es einen geistlichen Amtsträger oder einen kirchlichen Leiter betrifft, der ja eine Vorbildfunktion in seiner Gemeinde hat. Ein solcher wird wohl oder übel ernstere Konsequenzen aus seinem Fehlverhalten ziehen müssen als ein gewöhnliches Gemeindemitglied. Das kann bedeuten, dass er auf das hauptamtliche geistliche Amt verzichten und in einem anderen Beruf seinen Broterwerb finden muss. Das kommt am ehesten in manchen evangelischen Freikirchen vor. Trotzdem sollte jeder geschiedene Mensch als Mitchrist behandelt und ihm eine berufliche Neuorientierung nicht unnötig erschwert werden. Auch ein geschiedener und/oder wieder verheirateter geistlicher Leiter bleibt ein Kind und Diener Gottes, dem man getrost alles Gute von Gott und den Menschen wünschen sollte.

Kapitel 3

Ehe und Ehescheidung im Alten Testament

Wir sind öfter auf die Frage gestoßen, woher die rigorose Verurteilung kommt, mit der geschiedene Christen von ihren Kirchenleitungen und Mitchristen immer noch bestraft werden. Vordergründig gesehen handeln die Kritiker biblisch, weil sie Worte Jesu und der Apostel zitieren können, die Ehescheidung als Ehebruch bezeichnen. Aber sie blenden die wichtige Wahrheit aus, dass Gott seinen Kindern auch die Sünden vergibt, zu denen sie als gläubige Christen immer noch neigen.

Es wird gut sein, wenn wir an dieser Stelle wichtige Aspekte der Lehre Jesu in ihrer Gesamtheit betrachten. Dabei ist die Frage wichtig, ob mit der Lehre Jesu etwas für den geschiedenen Menschen leichter oder schwerer, besser oder schlechter, milder oder strenger geworden ist. Dies geschieht auf dem Hintergrund des Alten Testaments, wo die Ehescheidung unter der relativ großmütigen Duldung Gottes erlaubt war.

Hier knüpfen wir an das Gespräch Jesu mit den mosaischen Theologen über die Zulässigkeit der Ehescheidung an. Darüber berichtet Matthäus einmal nur kurz im Zusammenhang mit der Bergpredigt Jesu (Kapitel 5–7), dann aber sehr ausführlich in Matthäus 19. Diese Lektion muss man sorgfältig lesen und ihren Inhalt gut bedenken. Das mögen besonders solche Leser tun, die sich darauf berufen, dass Jesus die Ehescheidung eindeutig verboten habe (Matthäus 19,3–12).

Jesus hat aber die Ehescheidung *nicht* verboten, sondern auf den Ursprung der Ehe als eine geniale Idee Gottes hingewiesen und erklärt, was Gottes Absicht mit der Ehe ist. Wir haben das alttestamentliche „Hohelied der Liebe“ als Beispiel dafür genommen, wie schön es für einen Mann und eine Frau ist, wenn sie von Gott zu einem gemeinsamen Leben zusammengefügt werden. Jesus wusste nur zu gut, dass das Zustandekommen der meisten Ehen auf Erden nicht in diesem Sinne Gottes geschieht, sondern mannigfaltigen Einflüssen und Eingriffen, menschlichem Brauchtum, aber auch menschlicher List und Tücke ausgesetzt ist.

In einem allgemein lesbaren Buch wie dem hier vorgelegten sollten nicht allzu langatmige Abhandlungen und auch nicht zu jeder Aussage eine Bibelstelle zitiert werden, sondern ein zusammenhängender Gedankenfluss bewahrt bleiben. Deshalb werden wir nur die wichtigsten Aspekte der Unterweisung aufgreifen, die Jesus seinen Jüngern nach dem Text bei Matthäus in der Frage der Ehescheidung gegeben hat.

Diese hatten offensichtlich die damals gängige Einstellung verinnerlicht, dass eine Ehescheidung nichts Besonderes sei; schon gar nicht etwas, worüber es jemand mit *Gott* zu tun bekommen könnte. Jesus machte aber auch ihnen klar – wie vorher den Pharisäern –, dass eine Ehescheidung nichts weniger ist als ein Ehebruch. Dafür fehlte den Juden damals ein tieferes Verständnis.

Es ist bemerkenswert, wie die Jünger auf die Lektion Jesu reagiert haben: *„Wenn es zwischen Mann und Frau so steht, sollte man lieber nicht heiraten“*, sagten sie. Diese Reaktion verrät deutlich, dass sie sich einem solch hohen Anspruch nicht gewachsen fühlten. Und an diesem Punkt zeigt ihnen Jesus, wie gut er wusste, dass nicht jedermann eine solche „göttliche“ Ehe geschenkt bekommt. Er antwortete auf die Ehrlichkeit seiner betroffenen Jünger sehr betont: *„Was ich jetzt sage, kann nicht jeder verstehen, sondern nur die, denen Gott das Verständnis gegeben hat“* (Matthäus 19,11).

Jesus sagt also, dass in der Frage von Ehe und Ehelosigkeit Gott in besonderer Weise mit jedem einzelnen Menschen seinen Weg hat. Aber er wusste auch, dass der Mensch die ethischen Maßstäbe Gottes von Natur aus nicht einzuhalten vermag, auch wenn es ihm durch ein Gesetz noch so nachdrücklich auferlegt werden würde. Weil er das wusste, hat Jesus die Ehescheidung nicht *verboten,* sondern ihre *Ursache* herausgestellt, nämlich das schwankende menschliche Herz.

Seine Jünger bekamen von ihrem Lehrer Jesus „Privatunterricht“ über die Fähigkeit oder Unfähigkeit bestimmter Menschen zu einer gottgewollten Ehe. Jesus geht von der Betonung der „Einmaligkeitsehe“ dazu über, seinen erschrockenen Jüngern begreiflich zu machen, dass es verschiedene Gründe dafür gibt, warum die Menschen nach dem Sündenfall nicht mehr alle zu einer lebenslänglichen Ehe fähig sind. *„Es gibt verschiedene Gründe, warum jemand nicht heiratet“*, also nicht nur die Angst, dass er eine lebenslängliche Ehe nicht durchhalten könnte. *„Manche Menschen sind von Geburt an eheunfähig“*, sagt Jesus weiter im nächsten Vers 12, der für diese Lektion von grundlegender Bedeutung ist.

Er tut es wahrscheinlich im Blick auf die von ihm als Gottes ursprüngliche Idee verstandene Ehe, zu der sich seine Jünger offenbar nicht fähig fühlten. Jesus sagt, dass „manche“ Menschen – also wohl auch Frauen – von Geburt an nicht zu einer Ehe fähig sind, vermutlich nicht einmal zu einer nur vorübergehenden Ehe. Es hat zu allen Zeiten solche Menschen gegeben. Sie hatten von sich aus kein Verlangen nach der ehelichen Liebe und heirateten deshalb auch nicht. Aber was geschah mit ihnen, wenn sie z. B. ungefragt von ihren Eltern verheiratet wurden? Sie scheiterten in der ihnen aufgezwungenen Ehe und erlebten ihr Dasein als Katastrophe.

Bemerkenswert ist, was Jesus über die *freiwillige* Ehelosigkeit sagt: *„Noch andere verzichten auf die Ehe, weil sie ganz davon in Anspruch genommen sind, dass Gott jetzt seine Herrschaft* *aufrichtet*" (Matthäus 19,12b). Bei Luther heißt dieser Vers so: „Andere haben sich selbst zur Ehe unfähig gemacht um des Himmelreiches willen." Auch in dieser Übersetzung ist ganz klar, was Jesus damit meint: Es gibt Menschen, die auf eine Ehe verzichten, obwohl sie von Natur aus dazu fähig wären. Es liegt auf der Hand, dass Jesus damit alle die großmütigen Männer und Frauen meint, die sich selbst „eheunfähig" machen durch ihren freiwilligen Verzicht auf eine Ehe, weil sie ausschließlich für Gott leben und ihm dienen wollen.

Dazu gehörten die meisten Propheten des AT, die von ihrer Berufung so ergriffen waren, dass sie keine Frau oder Familie um sich haben konnten. Beispielhaft für diese Kategorie von „um des Himmelreiches willen" ehelosen Menschen ist der Apostel Paulus. Er macht deutlich, dass er durchaus ein Recht darauf hätte, eine Schwester als seine Frau mit sich zu führen – wie es die meisten anderen Apostel (einschließlich Petrus) gehalten haben. Aber die Verkündigung des Evangeliums war Paulus wichtiger als das Glück einer Ehe. Er gab den unverheirateten Christen ganz allgemein den Rat, nicht zu heiraten, sondern so zu bleiben, wie er war, also ledig (siehe 1. Korinther 7).

Die Geschichte der christlichen Kirchen in Ost und West ist denn auch stark von Männern und Frauen dieser Kategorie geprägt worden. In dem Maße, wie die urchristlichen Gaben und Kräfte in den Kirchen verschwanden und der Kampf um die richtige (orthodoxe) christliche Lehre entbrannt war, suchten ernste und hingegebene Christen neue Freiräume, in welchen sie ihr geistliches Leben so gestalten konnten, wie es ihrer Erfahrung mit Gott entsprach.

In der Hauptsache waren es Männer, die sich als Einsiedler (Eremiten) oder als Mönche in Klöstern zu Bruderschaften zusammenfanden und ehelos lebten. Später bildeten gläubige Frauen aus demselben Grund ebenfalls Orden und Schwesternschaften. Die älteste und bekannteste Regel, nach der sie alle auf ihre jeweils besondere Weise gelebt haben, war *„Ora et labora"*, d. h. „Bete und arbeite“. Hinzu kam das dreifache Gelübde, welches sie nach einer Probezeit vor Gott ablegten: *Gehorsam* gegenüber den geistlichen Vorgesetzten zu leisten, in *Keuschheit* zu leben (im Sinne der Ehelosigkeit) und *Armut* (Besitzlosigkeit) als Befreiung vom Mammon zu üben (der in der Beeinflussung der Menschen immer schon der erfolgreichste Konkurrent Gottes gewesen ist).

Es soll nicht verschwiegen werden, dass bei der Entscheidung für ein solches klösterliches Leben nicht immer freiwilliger Verzicht, sondern auch missliche Umstände eine Ehelosigkeit erstrebenswert erscheinen ließen. Ebenso ging mit der Weltflucht in vielen Fällen auch eine Verachtung der natürlichen Leiblichkeit einher. Der berühmte asketische Kirchenvater *Origenes* (254 n. Chr.) soll sich im Kampf mit seiner Sexualität selbst entmannt haben. Das bedeutet, dass er zwar ehelos lebte, seine Heiligung auf diesem Gebiet aber mit einer rigorosen Leibesverachtung und nicht durch die Gnadengabe Gottes herbeiführen wollte.

Wegen der Ehelosigkeit hat es natürlich immer auch Probleme mit der Sexualität und damit sittliche Entgleisungen sowohl in den Klöstern als auch in den Kirchen gegeben. Den erst im 12. Jahrhundert eingeführten *Pflichtzölibat* für alle Geistlichen gibt es nur in der römisch-katholischen Kirche; die orthodoxen erwarten Ehelosigkeit nur von ihrem höheren Klerus, weshalb dort gewöhnlich nur ein verwitweter älterer Priester bis zum höchsten Patriarchen aufsteigen kann. Das Thema der gewollten oder erzwungenen Ehelosigkeit hat indessen nichts mit unserem Thema der Ehescheidung zu tun, weshalb es hier auch nicht weiter aufgegriffen wird.

Wenn wir mit Bedauern von den „Risiken und Nebenwirkungen“ der *verordneten* Ehelosigkeit reden, müssen wir auch den letzten Satz der Lektion unseres Herrn Jesus Christus über die verschiedenen Gründe von Ehelosigkeit beachten. Er sagte sehr betont: *„Wer es fassen kann, der fasse es“*, und signalisiert damit, dass es immer an jedem einzelnen Menschen liegt, wie er mit der Ehe, der Ehelosigkeit und wohl auch mit einer Ehescheidung vor

Gottes Angesicht umgeht. Die Unterweisung der Jünger durch Jesus enthält keine absoluten Grundsätze, die für *jeden* Christen gleich gültig oder gar die Voraussetzung für die Heiligung eines Charakters wären.

Die sorgfältige Belehrung der Jünger Jesu durch ihren Meister kann aber nur bedeuten, dass kein Mensch wegen seines Strauchelns oder Scheiterns in seinem jeweiligen Stand die Gnade Jesu entzogen bekommt.

Die Lektion Jesu über Ehe und Ehescheidung wirkt insgesamt wie ein Plädoyer für Barmherzigkeit. Weil der Mensch durch den Sündenfall nicht nur zur Heiligkeit Gottes unfähig geworden ist, sondern auch zum Gestalten einer Ehe nach Gottes Konzept, kann ihm nur die Gnade Gottes helfen. Doch als Christen sollten wir niemand verachten oder fallen lassen, der aus welchen Gründen auch immer entweder seine Ehe oder seine Ehelosigkeit nicht bis zu seinem Tode durchhalten kann. Das letzte Wort über jeden Menschen hat sich Gott vorbehalten.

Ehe-Modelle in der Bibel

Wir dürfen als gläubige Menschen mit Fug und Recht die Bibel befragen, was es darin zu den Themen „ Ehe“, „Ehescheidung“ und „zweite Ehe“ zu lesen gibt. Die Menschen Gottes, die uns in der Bibel begegnen, waren keine solchen Heiligen, wie wir sie uns heute unter dem Einfluss der Tradition gewöhnlich vorstellen. Auch ihre Ehen waren manchmal gut und manchmal schlecht. Nicht immer waren die Männer so treu und fürsorglich, wie es ihre Frauen verdient gehabt hätten. Und sicher haben auch Frauengestalten der Bibel immer wieder zu Ehekonflikten beigetragen, die in einigen Fällen auch wirklich dramatisch ausgegangen sind.

Schauen wir uns die eine oder andere biblische Ehe unter dem Gesichtspunkt an, wie sich Gott den betroffenen Menschen gegenüber verhalten hat. Wir stoßen dabei auch auf die Bedingungen und Gepflogenheiten, unter welchen eine Ehe vor der Zeit unserer christlich-abendländischen Kultur zustande kommen und gegebenenfalls auch aufgelöst werden konnte. In jedem Falle litten auch die biblischen Ehen unter allen Einschränkungen, die sich durch den Sündenfall zu allen Zeiten auf verheiratete Menschen ausgewirkt haben. Eine provisorische Kategorisierung lässt sich vielleicht auf folgende Weise vornehmen:

1. Die „Glaubensehe"

Darunter kann man eine Ehe verstehen, die zwei Menschen miteinander eingehen, ohne sich vorher persönlich gekannt zu haben. Bibelleser denken dabei an *Isaak* und *Rebekka*. Sie kannten einander nicht und wohnten auch sehr weit voneinander entfernt an ganz verschiedenen Orten. Ein Mann aus dem Gesinde Abrahams wurde von seinem Herrn als Brautwerber auf die Reise geschickt, um für den Sohn die passende Frau zu „besorgen". Alle Beteiligten glaubten, dass Gott ihren Plan gelingen lassen würde, und ließen sich Schritt für Schritt so führen, dass sie das Ja Gottes überzeugt erlebten.

Dies ist ein Beispiel für eine klassische „Glaubensehe", bei deren Zustandekommen alles in die Hände Gottes gelegt und immer auch ein Scheitern der Verhandlungen als sein Wille angenommen worden wäre. Die Initiative dazu ging von dem sehr alt gewordenen Stammvater Abraham aus. Sein Diener Elieser holte für den „Wunschsohn" Isaak die ihm völlig unbekannte Rebekka. Die beiden gewannen einander lieb und Rebekka wurde an Isaaks Seite zur Stamm-Mutter des späteren jüdischen Volkes.

Es war eine klassische Glaubensehe, die allerdings nicht ohne Konflikte blieb. Später überlistete Rebekka ihren im Alter erblindeten Mann absichtlich. Aber die Ehe „funktionierte" ausreichend und blieb für die Absichten Gottes mit den Menschen jener Zeit stets „nach oben offen". (Wer es genauer wissen will, nehme sich die Zeit, ab 1. Mose 24 die ganze Geschichte zu lesen.)

2. Die „Liebesehe“

Wenn wir bei der Geschichte dieser frühen „Gottesfamilie“ bleiben, bekommen wir die von Rebekka geborenen Zwillingsbrüder *Esau* und *Jakob* in den Blick. Als es ums Heiraten ging, zog Jakob selber aus, um sich eine Frau fürs Leben zu holen. Sein Onkel *Laban* hatte zwei heiratsfähige Töchter, von denen die eine sehr hübsch und die andere sehr unattraktiv war. Jakob entschied sich – was denn sonst? – für die attraktive Rahel, die mütterlicherseits seine Cousine war. Um sie zu bekommen, musste er vorher sieben Jahre lang als Knecht ihres Vaters arbeiten, sich die erwählte Braut also erst durch jahrelange Arbeit verdienen. Als er sie endlich heiraten durfte, bekam der liebende Jakob die falsche Braut buchstäblich untergeschoben. Sein Schwiegervater war ein gerissener Kerl und nutzte die Traurigkeit des in Rahel verliebten jungen Mannes dazu aus, ihn weitere sieben Jahre als billige Arbeitskraft zu behalten.

Jakob sagte zu, weil er Rahel so sehr liebte. Für unser Thema ist diese große Liebe wichtig, die einen Mann veranlasste, insgesamt 14 Jahre lang ohne Lohn zu arbeiten, um die Frau zu bekommen, die er lieb hatte. Schließlich konnte er dann aber doch mit seinen zwei Frauen, seinen Kindern und ganzen Herden von Schafen und anderem Vieh sowie mit Knechten und Mägden wieder in seine Heimat zurückziehen.

Die Liebesehe mit Rahel war später natürlich schwer belastet. Eifersüchteleien, Rivalitäten und ständige Spannungen innerhalb der Großfamilie waren an der Tagesordnung. Am schlimmsten aus Gottes Sicht war jedoch wohl der Umstand, dass die schöne und geliebte Rahel heimlich Götzendienst trieb – d. h. sie praktizierte eine damals verbreitete Form von Naturreligion. Denn zu der Zeit kannte niemand außer Abraham den wahren Gott. Die von ihrem Mann so sehr geliebte Rahel starb später unter Qualen bei der Geburt ihres jüngsten Sohnes Benjamin.

3. Die „Pflichtehe"

Die Bibel kennt auch die sogenannte *Schwagerehe.* Starb ein Israelit, ohne einen Sohn zu hinterlassen, so war sein Bruder durch das Gesetz des Mose verpflichtet, die Witwe seines verstorbenen Bruders zu heiraten und mit ihr einen Sohn zu zeugen. Dadurch sollte sowohl des verstorbenen Bruders genealogische Linie als auch seinen Nachkommen der Familienbesitz erhalten bleiben. Eine Verweigerung dieser Schwagerpflicht wurde mit einer öffentlichen Bloßstellung bestraft (die verschmähte Witwe durfte dem Verweigerer sogar ins Gesicht spucken). Die Zwangsehe musste der Bruder eines Verstorbenen auch dann eingehen, wenn er schon verheiratet war und eigene Kinder hatte.

Diese Muss-Ehe nahmen die Sadduzäer (eine jüdische Sekte in Konkurrenz zu den Pharisäern) zum Anlass, mit Jesus über die Auferstehung der Toten zu diskutieren, an die sie nicht glaubten. Es habe einmal sieben Brüder gegeben, fabulierten sie, die nacheinander gestorben seien, ohne einen männlichen Nachkommen zu hinterlassen. Jeder von ihnen habe dieselbe Witwe geheiratet und keiner habe mit ihr einen Sohn gezeugt. Sie fragten Jesus, als wessen Frau von sieben Ehemännern diese siebenfache Witwe in der Auferstehung gelten würde. Jesus machte ihnen klar, dass es in der Auferstehung keine Männer und keine Frauen geben wird, sondern dass die geretteten Gläubigen dann geschlechtsneutral wie die Engel sein werden.

Die „Pflichtehe" war ein hartes Gesetz und hatte in jedem Falle Geltung, obwohl sie schlimmstenfalls ohne Liebe und Zuwendung zustande kam, die das Wesen jeder Ehe sein sollten. Weder der Bruder des Verstorbenen noch die Witwe selbst konnten wählen, ob sie einander überhaupt mochten und miteinander leben wollten. Gott hat eine solche Ehepflicht pragmatisch zur Wahrung einer Erblinie, aber auch zum Wohl und Schutz der ansonsten wirtschaftlich unversorgten Witwe zugelassen.

4. Die „Opfer-Ehe"

Zu allen Zeiten mussten sich Frauen manchmal auch in eine Ehe hineinopfern, um die wirtschaftliche Not ihrer Familie zu lindern oder deren Überleben zu ermöglichen. Es gibt in der Bibel eine ergreifende Geschichte über eine solche Ehe, die in kurzen Worten so erzählt werden kann: Der Perserkönig *Xerxes* (486–465 v. Chr.) wurde von seiner schönen Frau *Waschti* öffentlich vor seinem ranghohen „Diplomatenchor" bloßgestellt, weil sie sich nicht einfach vom stolzen König wie ein Schauobjekt vorführen lassen wollte.

Der König Xerxes ließ in allen Provinzen des persischen Reiches die schönsten Mädchen ausfindig machen und an seinen Hof bringen, um die allerschönste zur neuen Königin zu machen. Unter den Kandidatinnen gefiel dem Xerxes das jüdische Mädchen *Esther* am meisten. Ihre Zugehörigkeit zum jüdischen Volk hatte sie ihm allerdings verschwiegen. Sie wurde Königin und konnte den damals geplanten Anschlag des ersten Ministers *Haman* auf die Juden in Persien durch ihre zwar lebensgefährliche, aber doch rettende Einflussnahme auf den König abwenden. Dabei musste sie ihr Leben riskieren (Esther 2).

Diese wahre Geschichte findet man im Buch Esther. Sie ist in sich selbst voll höchster Spannung, soll hier aber nur unter dem Aspekt erwähnt sein, dass in diesem Fall Gott die junge Jüdin an den Königshof gelangen ließ, weil er ein „Werkzeug" brauchte, um die Juden in Persien vor einer hinterhältig geplanten Vernichtung zu bewahren. In Erinnerung daran feiern die Juden bis auf den heutigen Tag überall in der Welt das Purimfest.

5. Ehe „nach gutem Brauch"

Mit diesem Begriff könnte man solche in der Bibel erwähnten Ehen bezeichnen, die ohne besondere innere Voraussetzungen zustande gekommen sind. Für diese Art von Ehe wird weder Glaube noch Liebe vorausgesetzt. Ein Mann heiratet eben und zeugt Kinder. Wie tief – oder ob überhaupt – die beiden Partner voneinander ergriffen sind, wird nicht berichtet. Sie leben zusammen und scheinen in ihrer ehelichen Verbindung weder ein großes Glück noch ein großes Unglück zu sehen. Sie halten ihre Ehe für natürlich und zweckmäßig; sie dient der Fortpflanzung und Erhaltung des menschlichen Lebens auf Erden und weist – unter einem modernen Aspekt betrachtet – immerhin schon in die Richtung von Familie als einer optimalen Form des gesellschaftlichen Lebens und Überlebens.

Ehen dieser Art gibt es auch heute noch in vielen Regionen der Erde. Sie haben etwas Sachliches und Neutrales an sich. Oft gehen die zwei Menschen im Grunde genommen ihre eigenen Wege oder haben ihre jeweils eigenen Lebensmittelpunkte. Die männlichen Partner solcher Ehen sind von ihrer Berufung oder vom Gelderwerb so stark in Anspruch genommen, dass ihre Ehe lediglich als biologisch-natürlicher Lebensrahmen nötig erscheint. Daher kann man solche Ehen als „Naturehe“ deuten. Sie wurden zu allen Zeiten ohne irgendwelche andere Absicht geschlossen als einfach zur Gründung eines Hausstandes.

In diese Rubrik kann man auch andere Ehen von großen biblischen Gestalten einordnen. Beispielhaft wäre dann die Ehe Josefs, der als Sklave nach Ägypten verkauft worden war und dort eine ungewöhnliche Karriere machte. Er war mit *Asnat* (einer Ägypterin?) verheiratet und hatte mit ihr die Söhne *Manasse* und *Ephraim.* Diese wurden von dem sterbenden Jakob seinen eigenen Söhnen in der Erbfolge gleichgestellt und ihre Nachkommen zählten zu dem „Zwölf-Stämme-Volk“, das später als die „Juden“ zu einer signifikanten Völkerfamilie geworden ist. Außer dieser heilsgeschichtlichen Einzelheit wird über Josefs Ehe mit Asnat nichts berichtet.

Auch Mose, der wegen eines Mordes nach Midian geflohen war, heiratete *Zippora,* die Tochter des Midianiters *Reguel.* Er bekam mit ihr ebenfalls zwei Söhne, die ihn zum Familienvater machten. Aber auch er hatte so gut wie überhaupt kein Privatleben. Solchen Männern blieb wenig Zeit für ihre Frauen und Kinder, weil sie durch „höhere“ Aufgaben beansprucht waren. Das wenige, was wir über ihre Ehen erfahren, enthält keinen Hinweis auf die Intensität ihrer Gefühle oder über das Ausmaß ihres Glücks.

In unserer Zeit gibt es solche „Eben-halt-auch-Ehen“ bei Karrieremännern und -frauen, deren berufliche Schwerpunkte sehr weit auseinanderklaffen. Typisch dafür sind vielbeschäftigte Politiker, die den eigenen Ehepartner kaum noch zu Gesicht bekommen.

Wahrscheinlich gibt es alle diese fünf Arten von Ehen heute auch bei Christen. Sie enden allerdings eher mit einer Scheidung als andere christliche Ehen. (Zu diesem Thema wurden absichtlich keine Bibelstellen als Belege angeführt, weil es nur darum geht, die verschiedenen „Zugänge“ zu einer Ehe aufzuzeigen. Es handelt sich dabei natürlich nur um eine selektive Charakterisierung von ins Auge fallenden Regeln, nach denen Ehen ablaufen. Wer will, kann ja mal eine noch differenziertere Einteilung machen.)

Scheidungsgründe im Judentum

Jesus hat die von Mose erlaubte Ehescheidung nicht verteidigt, aber auch nicht als die schlimmste Sünde bezeichnet. Sie war mit der Billigung Gottes als Notlösung eingeführt worden, um die Ehe als ein hohes Gut vor dem Zerfall zu schützen. Es ist interessant, welche Gründe für eine Ehescheidung zwei Jahrtausende lang beim auserwählten Volk Israel galten und für konservativ religiöse Juden heute noch gelten können.

1. *Unzucht* (Porneia), worunter auch die eheliche Untreue verstanden wurde. Weniger eindeutig war die Regel, dass alles, was gegen die guten Sitten verstieß, ein Scheidungsgrund sein konnte, z. B. offen getragenes Haar oder die entblößten Arme einer verheirateten Frau.
2. *Fehlende Gesetzestreue der Frau,* z. B. wenn sie ihrem Mann „unverzehntete“ (entweihte) Lebensmittel zum Essen vorsetzte.

3. *Rufschädigung des Mannes durch seine Frau,* z. B. wenn sie etwas gegen seinen Willen kaufte oder verlieh, etwa seinen Backofen.
4. *Ein „böses" Weib,* das ihren Mann durch unziemliches Verhalten öffentlich entehrte, was mancher jüdische Mann schon als gegeben ansah, wenn sie das Essen anbrennen ließ.
5. *Kinderlosigkeit der Frau,* wenn sie in zehn Jahren Ehe keine Kinder zur Welt brachte – was ihr als Ungunst Gottes angelastet wurde.
6. *Verheimlichte Makel* körperlicher Art, welche die Frau physisch unattraktiv machten, oder kultischer Art, wenn sie Gelübde verheimlicht hatte, die ihre Ehe negativ beeinträchtigten.
7. *Auch die jüdische Frau konnte sich scheiden,* wenn eines der folgenden Kriterien vorlag:
   a) bei Krankheit und b) berufsbedingter Widerwärtigkeit ihres Mannes (Aussatz oder Polypen in der Nase); oder wenn er Schmelzer von Kupfer oder Gerber von Tierhäuten war und deshalb stank.[1]

Diese und ähnlich geringfügige Mängel genügten den jüdischen Zeitgenossen Jesu als Scheidungsgründe. Sie wurden alle aus Rücksicht und Nachsicht mit den hautnahen Problemen einer Ehe von der Bibelstelle 5. Mose 24,1 hergeleitet. Dort steht: *„Gesetzt den Fall, ein Mann heiratet und findet dann etwas an der Frau, das ihm zuwider ist, stellt er ihr eine Scheidungsurkunde aus und schickt sie weg."*

Bei der Billigung Gottes – durch den Gesetzgeber Mose –, dass ein Mann seine Frau wegschicken konnte, wenn sie etwas an sich hatte, was ihm „zuwider" war, handelte es sich um so etwas wie ein Gummiparagraphen. Der Mann konnte irgendeine Ursache finden, um seine Frau wegzuschicken – wenn auch zu ihrer juristischen Absicherung mit einer Scheidungsurkunde versehen –, ohne ein schlechtes Gewissen zu haben. Aber auch die jüdische Frau konnte sich von ihrem Mann scheiden, wenn ihr „die Ehe unerträglich“ geworden war.

Ein Beispiel für sein tiefes menschliches Verständnis lieferte der berühmte Rabbi Meir (um 150 n. Chr.), der lehrte: *„Selbst wenn die Frau über ihre Ehe sagt: ‚Ich habe geglaubt, dass ich es würde ertragen können; aber jetzt kann ich es nicht ertragen‘, so muss der Mann sie entlassen.“* Andere Schriftgelehrte, Zeitgenossen Meirs, sagten jedoch: „Sie muss es wider Willen ertragen, mit Ausnahme des Aussätzigen.[2] Das mit dem Aussätzigen war immerhin eine ausnahmsweise Erlaubnis zur Ehescheidung, selbst bei den strengsten Rabbis. Sie war der Frau zweifellos wegen der hohen Ansteckungsgefahr des Aussatzes zugestanden worden.

Die Scheidungsurkunde

In der Praxis war es zu den Zeiten Jesu so, dass ein Mann seine Ehe auflösen konnte, wenn ihm seine Frau einfach nicht mehr zusagte. Ein Gerichtsurteil im heutigen Sinne war nicht erforderlich, aber es konnte kein Mann ganz alleine darüber entscheiden, wegen welcher „Schändlichkeit“ er seiner Frau den Scheidebrief aushändigte. Der jüdische Mann war durch das Gesetz (z. B. 5. Mose 22,13 f.) an die Ältesten gewiesen, die sich später zu einer hierarchischen Institution im „Hohen Rat“ ein juristisches Forum verschafften. Dieser elitären Volksvertretung gegenüber musste sich jeder Jude für sein Tun verantworten. Da es in der mosaischen Religion kein absolutes Lehramt gab, sondern der Einfluss anerkannter Rabbis auch die ethische Praxis bestimmte, fielen die Entscheidungen natürlich auch immer einmal widersprüchlich aus.

Jedenfalls gab es in der Auslegung des Scheidungstextes gravierende Unterschiede bei den Schriftgelehrten. Doch legten alle Richtungen großen Wert auf die formale Ordnung bei Ehescheidungen und entwarfen dafür regelrechte „Normtexte“ für Scheidungsurkunden. Kein Geringerer als der im Neuen Testament erwähnte gelehrte Rabbi *Gamaliel* (von der Sekte der Pharisäer) – bei dem der spätere Apostel Paulus „studiert" hatte (Apostelgeschichte 22,3) – befasste sich eingehend mit solchen Formalien bei Ehescheidungen.

Ein gültiger Scheidebrief musste die Namen und Beinamen des Mannes und der Frau, ihren Wohnsitz, das Datum und die Unterschriften des Mannes und der Zeugen enthalten. Die Hauptsache im Scheidungsbrief waren die Worte: *„Siehe, du bist jedermann erlaubt."* Ein anderer „Normtext" lautete: *„Und dies soll für dich meinerseits sein das Schriftstück der Verstoßung und der Brief der Entlassung und das Dokument der Scheidung, dass du gehen kannst, um dich zum Weibe nehmen zu lassen von jedem Mann, wie es dir beliebt."*[3]

Was in 5. Mose 24,1–4 und in 4. Mose 5,12–31 über die „berechtigte" Ehescheidung geschrieben steht, wurde weiter oben bereits aufgelistet. Deutlicher muss dem hinzugefügt werden, dass auch d*as Verschweigen eines vorehelichen Unzuchtsfalles* dem getäuschten Ehemann das Recht gab, seine Frau zu entlassen. Er sollte ihr das schriftlich bestätigen (einen Scheidebrief geben). Dieser Fall wird von Jesus im Neuen Testament als gültige Ausnahme bekräftigt: *„... es sei denn um Hurerei willen"* (Matthäus 5,32).

Nachzutragen wäre ebenfalls, dass *die geschiedene Frau einen anderen Mann heiraten konnte*, aber nicht mehr zu ihrem ersten (geschiedenen) Mann zurückkehren durfte, wenn der zweite sie entließ oder wenn er starb (anders im Neuen Testament). Ansonsten war es für die Frau schlimm genug, dass ihr Mann sie entlassen – oder gar verstoßen – konnte, wenn er ihr „gram" wurde, d. h. wenn er sie nicht mehr haben wollte.

Wir wollen beachten, dass diese Regelungen von Gott nur als Zugeständnis wegen „des Herzens Härtigkeit" eingeführt wurden. Sie waren ein Akt der großen Barmherzigkeit Gottes: Wenn ein hartes Herz den Ehepartner nur noch seelisch foltert, ist es für beide besser, wenn sie sich trennen. Gottes „Ehegesetze" waren schon im AT nicht vom Strafen, sondern vom Helfen bestimmt. Er ließ in ihnen sein Vaterherz sprechen. Daran hat Jesus nicht gerüttelt. Er hat vielmehr seinen Zuhörern mit dem Hinweis auf die Schuld einer Ehescheidung klargemacht, dass sie die Gebote Gottes gar nicht halten können und darum ihn, den Retter, brauchen.

Ehescheidung wurde in Israel nicht bestraft

Es ist auch bemerkenswert, dass Ehescheidung und Wiederverheiratung im Gesetz Gottes nicht unter der Rubrik von Ehebruch oder gar von Unzucht geführt wurden. Das kann kein Zufall sein. Wenn man bedenkt, dass ein Mann schon dann mit dem Tod bestraft wurde, wenn er etwa während der Periode seiner Frau mit ihr Geschlechtsverkehr hatte, so ist die straffreie Ehescheidung ein deutlicher Hinweis darauf, dass Gott sie anders eingestuft hat als beispielsweise die Missachtung dieser Vorschrift über die Schonung der menstruierenden Frau.

Der jüdische Mann hatte wegen seiner Scheidung von Gottes Seite nichts zu befürchten. Diese unterschiedliche Einstufung von sittlichen Verfehlungen darf man durchaus als *graduelle* Wertigkeit verstehen. Gerade die bibeltreuen Kreise berufen sich in allen Fragen der Ethik gerne auf das Alte Testament (Haartracht, Kleiderordnung, Schmuck, Luxus der Frau), aber in der Frage der Ehescheidung lassen sie Vergleiche mit dem AT nur ungern zu.

Zwar haben auch die Propheten über Ehe, Ehebruch und Ehescheidung geredet. Aber die meisten diesbezüglichen Texte beziehen sich auf das Verhältnis des Volkes Israel zu seinem Gott, was besonders bei *Hosea* der Fall ist. Sogar die vielzitierte Stelle in Maleachi 2,10–16 wird von manchen Auslegern (z. B. Menge in seiner Übersetzung) allegorisch, d. h. sinnbildlich als *religiöser* Ehebruch gedeutet. Maleachi spricht im Auftrag Gottes sehr deutlich über die Verfehlung durch Ehescheidung: *„Ich hasse es, wenn einer seine Frau verstößt. Das ist so schlimm wie Mord“* (Vers 16). Die „Verstoßung“ einer Ehefrau war allerdings auch von schwerwiegenderer Art als die von Gott geduldete Ehescheidung, weil diese ein grimmiges Sich-Lossagen eines Mannes war, der ohne Beachtung der Voraussetzung für einen Scheidebrief so brüsk handeln konnte. Aber Gott hat trotz dieser Missfallensäußerung sein nachsichtiges Gesetz nicht geändert, welches eine Ehescheidung ohne Strafe erlaubte. Im ganzen AT war Ehescheidung und Wiederverheiratung straffrei, während Sünden der Unsittlichkeit und Unmoral streng geahndet werden mussten.

Gott äußerte sein Missfallen aber nicht nur hinsichtlich der Ehescheidung, sondern er sagte durch den Propheten Habakuk auch: *„Habsucht ist Götzendienst"* (Habakuk 2,6). Wenn wir dieses Wort gewissenhaft auslegen, kommen wir zu dem Schluss, dass jeder Habsüchtige ein Götzendiener ist, analog zu dem Wort, dass jede Scheidung wie ein Mord ist. Wer aber wollte die Habsüchtigen in der Gemeinde ausfindig machen und ähnlich bestrafen, wie es oft mit geschiedenen Christen geschieht? Jesus hat bei aller Strenge seiner Warnungen keinen Menschen verurteilt – auch keinen geschiedenen Menschen.

Da sich der Heilige Geist in der von ihm „durchhauchten" Heiligen Schrift aber nicht widerspricht, darf man Maleachi und Habakuk nicht gegen Mose ausspielen. Dieser war von Gott beauftragt, dem Volk die Ehescheidung als einen Ausweg aus einer immer möglich werdenden Not zu erlauben. Maleachi war dagegen beauftragt, gegen den Missbrauch dieses göttlichen Erbarmens aufzutreten, der darin bestand, dass sich die jüdischen Männer ohne Not von ihren Frauen trennten. Was diese armen Frauen durch ihre Verstoßung seelisch erlitten haben, das kam einem Mord schon recht nahe.

Damit leuchtet bei Maleachi schon etwas von der neutestamentlichen geistlichen Klarheit auf, die Jesus wenige Jahrhunderte später in seiner Bergpredigt in vollkommener Weise zur Frage der Ehescheidung zeigt. Der von Gott gesandte „Rabbi" Jesus hat die jüdischen Theologen seiner Zeit allerdings mit seiner ganz andersartigen Schriftauslegung ständig zum Nachdenken provoziert und ihnen ihre Heuchelei vorgehalten. Sie waren es auch, die ihn mit der Frage nach der Rechtmäßigkeit von Ehescheidungen herausforderten (Matthäus 19,3) – immer listig darauf bedacht, ihm eine Aussage zu entlocken, die ihn als Gesetzesbrecher erweisen sollte. Seine „Tiefenbehandlung" des Themas Ehescheidung gab ihnen dazu keine Handhabe. Sie spielte auch bei seiner Verurteilung wegen Gotteslästerung keine besondere Rolle.

Kapitel 4

Ehescheidung im christlichen Zeitalter

Zunächst eine wichtige Vorbemerkung: In der Urgemeinde gab es noch keine kirchliche Trauung. Jeder heiratsfähige Christ konnte heiraten, wen und wann er wollte (1. Korinther 7,28). Von einer Mitwirkung des Pastors oder gar von einem Sakrament der Ehe steht nicht einmal eine Andeutung im Neuen Testament. Darum ist es verständlich, wenn der Apostel Paulus auch die Scheidung nicht etwa *verbietet,* sondern den verheirateten Gemeindegliedern nur ein Minimum an Regeln dafür an die Hand gibt. Dabei berücksichtigt er, dass ein ungläubiger Ehepartner sich scheiden lassen kann, ohne dass die gläubige Frau an die lebenslängliche Dauer ihrer Ehe und an das Verbot einer zweiten Ehe gebunden ist.

Paulus betont in dem Zusammenhang auch, dass er in manchen Fragen kein Gebot des Herrn hat, jedoch als geistlich gesinnter Christ und Lehrer der Gemeinde keinen schlechten Rat erteilen würde. Bemerkenswert ist, dass er die gläubigen Frauen davor warnt, etwa in der Hoffnung auf die Bekehrung ihres ungläubigen Ehemannes in einer schwierigen Ehe unter allen Umständen ausharren zu wollen. Der Gedanke an eine absolute Unauflöslichkeit der Ehe kommt bei Paulus nicht auf. An eine „kirchliche" Entscheidung über die Ehe eines Christen denkt er ganz offensichtlich auch nicht.

Er sagte allerdings, dass eine geschiedene Frau nicht wieder heiraten, sondern sich mit ihrem Mann versöhnen – oder eben allein bleiben solle. Das Gleiche machte er auch für den Mann geltend und berief sich dabei auf den Herrn Jesus Christus. Trotzdem enthält der gesamte Abschnitt deutliche Aussagen, wonach es in der urchristlichen Gemeinde kein absolutes Verbot der Ehescheidung gab. Ein Christ hatte durchaus die Freiheit, einer ihm angetragenen Scheidung zuzustimmen. Allerdings wird die gläubige Frau durch die Ehe mit einem ungläubigen Ehemann nicht befleckt, denn dieser wird durch die Verbindung mit ihr als rein erachtet. Das Entsprechende gilt für einen christlichen Mann, der mit einer ungläubigen Frau verheiratet ist (1. Korinther 7,1–16).

Der gläubige Ehepartner eines Ungläubigen soll jedoch lieber nicht das Risiko eingehen, sich von seinem ungläubigen Partner aus wer weiß welchen Launen heraus traktieren und ausnutzen zu lassen. Gott hat seine Kinder zu einem Leben im Frieden berufen. Das geht aber nicht, wenn man mit einem zänkischen, lieblosen oder gewalttätigen ungläubigen Partner zusammenleben muss.

Diese Privatmeinung des Paulus, die er ausdrücklich als solche kennzeichnet, holt ohne Bedenken die von manchen Christen für *absolut unauflöslich* gehaltene Ehe auf eine Ebene der geistlichen Freiheit und der gesunden Vernunft herunter (1. Korinther 7,25 ff.). In der herkömmlichen Terminologie bedeutet das in den allermeisten Kirchen, dass ein „unschuldig" geschiedener Christ ohne Bedenken noch einmal heiraten darf.

Die Frage, welche Bedeutung der kirchliche Trauakt einst hatte, und ob er diese im 21. Jahrhundert (noch) haben kann, stellt sich immer öfter. Die Kirchen müssen so oder so anerkennen, dass Christen auch ohne eine kirchliche Trauung, allein durch den standesamtlichen Trauakt, ein Ehepaar sind. Groteskerweise wird dies von solchen Kirchen ignoriert, die eine Eheschließung nur anerkennen, wenn sie durch einen ihrer Priester vollzogen worden ist.

So kann es geschehen, dass ein geschiedener Katholik als unverheiratet gilt, wenn seine erste Ehe nur vor einem Standesbeamten und nicht vor einem Priester geschlossen worden ist. Das ist natürlich überaus problematisch, weil dabei das Ja der Brautleute zu ihrer Ehe erst gilt, wenn es auch die Kirche bestätigt hat.

Diese und ähnliche Aspekte werden in der theologischen Diskussion von den meisten Autoren sonst lesenswerter Bücher zu unserem aktuellen Thema meistens ausgeblendet. Die meisten Kirchen – ausgenommen die der EKD – gehen davon aus, dass die Ehescheidung im Neuen Testament *verboten* wäre, und schließen sich im Allgemeinen einer mehr oder weniger strengen Strafpraxis ähnlich der römisch-katholischen Kirche an. Auch freikirchliche Ethiker schwimmen hier mit dem Strom einer zwar uralten, aber biblisch nicht belegten Tradition. Diese hat sich im Laufe der Jahrhunderte aber so fest in unserer Kultur eingebürgert, dass sie in den Kirchen für selbstverständlich gehalten wird. Das hängt vermutlich damit zusammen, dass die katholische Theologie die Ehe in die Kategorie eines Sakramentes erhoben hat, das nicht verletzt werden dürfe. Der Unterschied zwischen solcher kirchlicher Strenge und dem Befund des NT dürfte indessen für jedermann klar auf der Hand liegen.

Ist Jesus radikaler als Mose?

Wir gehen davon aus, dass die göttliche Ordnung der Ehe durch den Sündenfall nachhaltig gestört und negativ verändert worden ist. Nicht alle Menschen stellen sich der dadurch entstandenen Aufgabe mit Geduld und Verantwortung. Darum kommt es ständig zu Auseinandersetzungen zwischen Ehepartnern, selbst wenn sie sich einmal aus Liebe geheiratet haben. Gott hat in seinem Erbarmen Weisungen gegeben, die der Erhaltung auch der Ehe „gefallener" Menschen hilfreich und wegen des inneren Zustands des menschlichen Herzens notwendig sind.

Aber er hat die Ehescheidung nie verboten, sondern Regelungen treffen lassen, die besonders zugunsten der physisch schwächeren Frau sein großes Erbarmen zu erkennen geben. Dem gefallenen Menschen das Sündigen zu *verbieten* wäre so paradox, wie wenn man einem Giftpilz verbieten wollte, giftig zu sein.

Die Aussage Jesu, dass Ehescheidung im Grunde genommen Ehebruch ist, besagt nicht, dass er diesen Ehebruch „verboten" hat. Er stellt nur wie ein Arzt eine Diagnose, die dem Patienten den Ernst seines Zustands bewusst machen soll, aber er „verbietet" dem Patienten nicht, krank zu sein. Diese „Diagnostik" wandte Jesus bei allen Sünden an, von denen er keine einzige *verboten* hat.

Jesus machte klar, dass seine frommen jüdischen Zuhörer in ihren Sünden sterben werden, wenn sie nicht glauben, dass nur er ihnen aus ihrer Sündenschuld heraushelfen konnte: *„Daher sagte ich euch, dass ihr in euren Sünden sterben werdet; denn wenn ihr nicht glauben werdet, dass ich es bin, so werdet ihr in euren Sünden sterben"* (Johannes 8,24). Es gibt eine Auflistung von den vielen Sünden, die Jesus allein in der Bergpredigt benennt. Er hat keine dieser Sünden „verboten", sondern sie aufgezählt, damit seine Zuhörer begreifen sollten, dass sie ihn als ihren Retter brauchten. Und *eine* von diesen Sünden war die Ehescheidung, für die ein Mensch Vergebung genauso brauchte wie für alle anderen Sünden.

Die Absicht Gottes mit den zehn Geboten (Weisungen) wird im NT als Erziehungsmaßnahme gedeutet. Das Gesetz ist der „Zuchtmeister" (Pädagoge) Gottes, der dem Menschen seine absolute Unfähigkeit zu einem Leben nach Gottes Konzept klarmachen soll. Die Apostel lehrten einmütig, dass *kein* Mensch das Gesetz Gottes halten kann, und stellten seine Vorläufigkeit heraus, weil es einem besseren Plan Gottes für die Menschen lediglich als „Erzieher" vorausgeschickt worden war: *„Weil ein einziger (Mensch) ungehorsam war, wurden alle vor Gott schuldig. Ebenso werden alle von Gott freigesprochen, weil der eine gehorsam war. Das Gesetz ist nachträglich hinzugekommen, sodass die Sünde sich erst* *richtig entfalten konnte"* (Römer 5,19 f.). Ganz auf dieser Linie liegen alle Briefe des Apostels Paulus, in denen es um Sünde und Sündenvergebung geht.

Im sechsten Gebot (nach lutherischer Zählung) ist weder eine Androhung von Strafe noch die Verheißung eines Segens enthalten (im Unterschied zum vierten Gebot, das die erste Verheißung enthält). Es sollte uns schon auffallen, dass Gott in den übrigen Geboten *Morden, Stehlen, Lügen* (falsches Zeugnis), *Neid* und *Begehrlichkeit* nicht weniger ernst meint als das sechste Gebot. Da der gefallene Mensch keine dieser segensvollen „Weisungen für ein gelingendes Leben" erfüllen kann, hat Gott symbolische Opfer (von Tieren) zur *Bedeckung* ihrer Sünden angenommen – bis auf die Zeit, in welcher ein „zweiter Adam" kommen würde, der alles gutmachen sollte und wollte, was alle Generationen des ersten Adam mit ihrem sündigen Herzen ohne Gott auf Erden angerichtet haben.

An dieser Stelle drängen sich einem natürlich viele theologische Fragen auf, die sich im Rahmen unserer Thematik nicht mit bearbeiten lassen. Aber der Reformator *Martin Luther* hat alle diese Fragen in einem demütigen Geständnis zusammengefasst, das unser menschliches Unvermögen zu einem heiligen Leben zum Ausdruck bringt, gleichzeitig aber auch die Hoffnung auf das göttliche Erbarmen festhält.

Er sagt in seinen „Tischreden" einmal: *„Mir ist es bisher wegen angeborener Bosheit und Schwachheit unmöglich gewesen, den Forderungen Gottes zu genügen. Wenn ich nicht glauben darf, dass Gott mir um Christi willen dies täglich beweinte Zurückbleiben vergebe, so ist's aus mit mir. Ich muss verzweifeln. Aber das lass ich lieber bleiben. Wie Judas an den Baum mich hängen, das tu ich nicht. Ich hänge mich an den Hals oder Fuß Christi wie die Sünderin. – Ob ich auch noch schlechter bin als diese, ich halte meinen Herrn fest. Dann spricht er zum Vater: ‚Dieses Anhängsel muss auch durch. Es hat zwar nichts gehalten und alle* *deine Gebote übertreten. Vater, aber er hängt sich an mich. Was will's! Ich starb auch für ihn. Lass ihn durchschlüpfen.' – Das soll mein Glaube sein!"*

Manche ernsthaften Christen haben dieses Bekenntnis Luthers kritisiert, weil seine Augen im Blick auf die hilfreiche Gnade zu „kurzsichtig" gewesen seien, sonst hätte er wissen können, dass ein Mensch nicht gar so tief in Sünden verstrickt sein *muss*. Zugegeben, Luther hat sich an seinem geschenkten Heil so sehr gefreut, dass er den Gnadenstand der *Heiligung* nur wenig thematisiert hat. Aber im Prinzip trifft er mit seinem ehrlichen Geständnis den Nagel auf den Kopf.

Die allen Menschen angeborene „Bosheit und Schwachheit" macht uns für alles anfällig, was Gott nicht gefällt. Und weil Gott das noch besser weiß als wir selbst, hat er – neben vielen anderen Erbarmungen – auch die Ehescheidung als mögliches „Delikt" eines Sünders nicht nur unter dem mosaischen Gesetz, sondern auch im Neuen Bund einkalkuliert. Es gibt im NT wirklich kein Verbot der Ehescheidung und entsprechend auch keine Drohung, dass sie einem derart schuldig Gewordenen nicht vergeben werden könnte.

Es steht übrigens in der Bibel nicht überall ein Ehebruch zur Debatte, wo ein solcher in deutschen Übersetzungen genannt wird, und wo in den meisten herkömmlichen Übersetzungen die Vorstellung von einem solchen suggeriert wird. In der griechischen Sprache stehen an diesen Stellen öfter andere Begriffe, z. B. bei der von Jesus eingeräumten Ausnahme, wonach sich jemand „wegen Ehebruchs" von seinem Partner scheiden dürfe (Matthäus 5,21 f.). Dort steht aber wörtlich: „Es sei denn um *Hurerei* willen." Diese Aussage wäre also nicht nur auf die eheliche Untreue anzuwenden, sondern könnte auch auf unzüchtiges Verhalten gedeutet werden. Im Alten Testament konnte übrigens der Mann seine Frau „fristlos entlassen", ohne sich an ihr schuldig zu machen; die Frau konnte sich aber nur unter erschwerten Voraussetzungen von ihrem Mann trennen, ohne als Ehebrecherin zu gelten.

Es bringt auch nicht mehr viel, sich mit den vielen Perspektiven der alttestamentlichen Texte abzugeben. Sie sind im NT für Christen nicht von gleicher, geschweige denn von größerer Bedeutung als die Worte Jesu. Wer allerdings aus den einschlägigen Bibelstellen des AT Rückschlüsse auf Gottes Strenge und Gottes Barmherzigkeit ziehen möchte, der möge sich die Mühe machen und die folgenden Bibelstellen lesen: 2. Mose 20,17; 22,15 f.; 3. Mose 20,20; 4. Mose 5,11 ff.; 5. Mose 22,22 ff.; 24,1 ff.; 28, 28 f.; Sprüche 2,16–19; 6,24–35;7,5 ff.; Jesaja 54,5 ff.; Hosea 2,18 ff.; Maleachi 2,6 sowie die jeweiligen Parallelstellen dazu. Das ist ein interessantes Studium.

Mit unseren hier angestellten Überlegungen sollte nicht eine breit angelegte Diskussion ausgelöst, sondern lediglich noch einmal die Wahrheit herausgestellt werden, dass Gott auch seinen Kindern des Neuen Bundes ihre „Bosheit und Schwachheit" vergibt. Wer in diesem Abschnitt die Angaben von mehr Bibelstellen vermisst, möge bitte bedenken, dass es im Rahmen unseres Themas unmöglich ist, die vielen Texte zu zitieren, auf die sich diese Abhandlung generell bezieht.

Es sei dem interessierten Leser aber empfohlen, sich in einem guten Lexikon zur Bibel oder in einem „Wörterbuch des Christentums" unter dem Begriff „Ehe" umzusehen. Im vorliegenden Buch werden zum besseren Verständnis des Plädoyers für Barmherzigkeit eine Reihe interessanter Themen angesprochen, die uns als Hintergrundinformation noch andere wichtige Aspekte eröffnen werden. Ein solches Plädoyer kann man auch nicht wie ein reines Sachbuch schreiben, es will auch gestrauchelten Christen Mut machen, mit ihrer Schuld zum Gnadenthron Gottes zu kommen.

Evangelium – nicht für geschiedene Christen?

Für die geschiedenen und wieder verheirateten Christen hätte das Evangelium keine Geltung mehr, wenn ihnen nicht vergeben würde. Sie würden (und werden tatsächlich) härter bestraft als beispielsweise Geldgierige, Lügner, Räuber, Verleumder, Unversöhnliche und Mörder. Diese alle beweisen, dass die „Herzenshärtigkeit" auch im Raum aller Kirchen noch ihren Tribut fordert. Alle „bösen Gedanken", die aus dem Herzen des Menschen kommen, sind gleichermaßen Sünde. Gott will sie alle vergeben, wenn ein Mensch sie bereut.

Die „Herzenshärtigkeit" hat mit der Hinwendung zu Christus im Leben der Gläubigen nicht über Nacht aufgehört. Wenn es anders wäre, hätten alle Ermahnungen in den Briefen der Apostel erst gar nicht geschrieben werden müssen, z. B. Galater 5,16–21, wo die „Fleischessünden", wie Unzucht, Unreinheit und sexuelle Ausschweifung als Verhaltensweisen genannt werden, die vom Himmelreich ausschließen. (Es ist möglicherweise kein Zufall, dass der Apostel Paulus an dieser Stelle die Ehescheidung nicht erwähnt.) Aber sicher ist es kein Zufall, dass er genauso vor „Götzendienst, Zauberei, Feindschaft, Hader, Eifersucht, Zorn, Zank, Zwietracht, Spaltungen, Neid, Saufen, Fressen und dergleichen" dringend warnt, weil auch diese Sünden vom Himmelreich ausschließen.

Fast in allen etwas älteren Kommentaren zu den Texten im NT, die von der Ehe handeln, wird die einseitige Betonung der Strafwürdigkeit von Ehescheidung und Wiederverheiratung mit Nachdruck vertreten. Einige Beispiele für die vom Evangelium losgelösten Auslegungen, die noch heute in Kirchen und Freikirchen anzutreffen sind, seien an dieser Stelle zitiert (Quellenangabe in Fußnote 4).

1. *„Das Neue Testament kämpft vor allem gegen Ehescheidung und Unzucht ... Für den Christen wird die intakte Ehe als Selbstverständlichkeit vorausgesetzt."*

Schon die Formulierung, dass das neue Testament *vor allem* gegen die Ehescheidung „kämpft", verrät den falschen Ansatz dieser ersten These. Dass das NT für Christen „eine intakte Ehe als Selbstverständlichkeit voraussetzt", kann vermutet, aber nicht behauptet werden. Als das NT geschrieben wurde, hat es auch schon Eheprobleme gegeben, aber sie wurden in der seelsorgerlichen Praxis nicht mit „Kirchenstrafen“ belegt.

2. *„Jesus setzt der grundsätzlichen Erlaubnis zur Scheidung ein radikales Verbot* (!) *entgegen ... Das grundsätzliche Nein zur Scheidung liegt in Gottes Gebot und Ordnung begründet.“*

Nein, Jesus setzte der geduldeten Ehescheidung kein radikales Nein entgegen, sondern zeigte den gefallenen Adamskindern, dass sie schon in ihren Gedanken die Ehe brechen können. *(„Wer eine verheiratete Frau ansieht und begehrt, hat in seinem Herzen bereits die Ehe mit ihr gebrochen.“)* Jesus hat die Ehescheidung nicht verboten – so wenig wie er alle anderen Sünden „verboten“ hat. Die schreibenden Apostel haben Jesus alle so verstanden, dass er auch den Gläubigen *jede* Sünde vergibt (siehe z. B. den 1. Johannesbrief).

3. *„Jesus ist gleichsam als zweiter Mose der Gesetzgeber der eschatologischen Zeit* (Endzeit unseres Äons), *der das Mose-Gesetz radikalisiert.“*

Diese Behauptung missversteht die Sendung Jesu gründlich. Nirgends ist auch nur angedeutet, dass er als „zweiter Mose“ in die Welt gekommen wäre und das Mose-Gesetz „radikalisiert“ habe. Dagegen steht leuchtend die Wahrheit: *„Durch Mose gab Gott uns das Gesetz, in Jesus Christus aber ist uns seine Güte und Treue begegnet“* (Johannes 1,17). Jesus ist nicht der zweite Mose, sondern der „zweite Adam“, der uns von der Blasphemie des ersten Adam durch seine Vergebung erlöst.

4. *„Ehebruch ist unvereinbar mit der Hoffnung auf ein Leben im Reiche Gottes. Er steht vielmehr unter Gottes Gericht.“*

Diese Aussage übersieht, dass die Bibelstellen nicht von Ehescheidung, sondern von *Hurerei* im Sinne von Unzucht und Unreinheit handeln (Apostelgeschichte 15,29; 1. Korinther 5,1 f.; 6,13.18; Epheser 5,3; Kolosser 3,5; 1. Thessalonicher 5,3 und Parallelstellen).

5. *„Allerdings wird das Verständnis von Ehe und Ehebruch im Neuen Testament in einer dem Profangriechentum und auch dem Alten Testament unbekannten Weise radikalisiert."*

Das stimmt insofern, als die jüdischen Zeitgenossen Jesu die Ehescheidung bagatellisiert und nach Belieben gerechtfertigt haben. Jesus hat aber nicht nur die Ehescheidung, sondern das Wesen *aller* Sünden „radikal" (von ihrer Wurzel her) aufgedeckt mit den Worten *„Ihr habt gehört* (… gelesen), *dass euch gesagt wurde: ‚Du sollst … du sollst nicht … ' Ich aber sage euch …* ". Das sagte Jesus nicht, um seine Zuhörer in die Verzweiflung zu treiben, sondern um ihnen klarzumachen, dass sie ihn unbedingt brauchten, weil sie sonst in ihren Sünden zugrunde gehen (sterben) würden (Johannes 8,24).

6. *„Da nach neutestamentlichem Verständnis die Ehe unauflöslich ist, rückt auch die nach dem Alten Testament mögliche Scheidung in den Bereich des Ehebruchs."*[4]

Da schimmert immerhin schon etwas von sorgfältiger Exegese (Wortauslegung) auf. Die Ehescheidung rückt in den Bereich des Ehebruchs – so wie das begehrliche Anschauen einer verheirateten Frau einen Mann in den Bereich des Ehebruchs rückt. Auch den lüsternen Blick eines Mannes hat Jesus nicht verboten, sondern seine Wirkung als Sünde aufgedeckt, die er unter seine radikale Vergebung nimmt, so wie er das mit der Ehescheidung auch macht.

7. Zuletzt noch ein Zitat aus der rabbinischen Literatur, das ganz im Geiste der obigen sechs Zitate lautet. Es beweist zudem, dass es jüdische Lehrer gab, die durch Verbote sogar harmlose und zufällige Situationen dramatisiert haben: *„Wer hinter einer Frau einen Fluss durchschreitet* (weil sie dabei ihre Kleider hochheben muss), *der hat keinen Teil an der zukünftigen Welt."* Oder: *„Der Schenkel am Weibe gehört zum Unzüchtigen."*[5]

Die Rabbiner wussten sehr wohl um den Liebreiz des weiblichen Körpers, aber sie haben reichlich übertrieben mit der Behauptung, dass ein Mann wegen seiner diesbezüglichen natürlichen

Schwäche „keinen Teil an der zukünftigen Welt“ haben würde. Jesus machte klar, dass der Mann nicht durch noch so viele peinlich genau durchdachte Satzungen vor der Sünde der Augenlust geschützt werden kann, weil alle sündigen (falschen) Regungen aus seinem bösen Herzen kommen, welches aber durch Strafandrohungen nicht verändert werden kann.

Die sieben obigen Zitate zeigen, dass die Ehe-Ethiker in den meisten christlichen Konfessionen von einer punktuellen Aussage Jesu in der Bergpredigt ausgehen, nämlich *„Wer sich scheiden lässt, bricht die Ehe“*. Aber sie übergehen den Kontext des ganzen Evangeliums, welches doch der Not unserer Sündhaftigkeit die Gnade und Barmherzigkeit Gottes gegenüberstellt.

Die Aussage Jesu, dass der Mensch nicht scheiden soll, was Gott zusammengefügt hat, bezieht sich ganz sicher nicht auf *jede* reale Ehe, weil nach dem Sündenfall die wenigsten Ehen tatsächlich von Gott zusammengefügt werden. Es ist unvorstellbar, dass Jesus einen Menschen wegen einer Ehescheidung von seinem Heil ausgeschlossen haben würde.

Das Hauptproblem bei einer Scheidung liegt darin, dass man nicht mehr „umkehren“, d. h. seine erloschene Ehe nicht mehr wiederherstellen kann, weil viele geschiedene Christen ein zweites Mal heiraten. Gerade das wird ihnen aber als „Unbußfertigkeit“ und als „Verharren in der Sünde“ angelastet. Als echte Buße würden derartige Seelsorger nur gelten lassen, dass ein Geschiedener wieder zu seinem Partner zurückkehrt.

Das kommt glücklicherweise manchmal auch vor; besonders dann, wenn eine Scheidung überstürzt und unüberlegt vollzogen worden ist. Ebenso ist auch eine Aussöhnung der beiden geschiedenen Christen wünschenswert, solange beide Partner nicht noch einmal geheiratet haben. Oft werden zwei geschiedene Eheleute hinterher sogar gute Freunde, aber in eine geschiedene Ehe finden sie nur sehr selten zurück. Die Gründe, die zur Scheidung ihrer Ehe geführt haben, sind elementar und bleiben weiterhin bestehen.

Die Erfahrung geschiedener Christen lehrt, dass ihnen von Gott wirklich vergeben wird, und das ist das Wichtigste bei aller notwendigen Diskussion dieses Themas. Gott nimmt seinen „Geist der Gnade und des Gebetes“ wegen der Scheidung (und zweiten Ehe) nicht von den geschiedenen Christen weg. Sie werden von Gott wegen ihrer Scheidung nicht zu Nichtchristen oder Halbchristen gemacht, wie das manche Kirchen am liebsten täten. Auch geschiedene Christen haben Frieden mit Gott und den Menschen und sie haben das Zeugnis des Heiligen Geistes, dass sie Gottes Kinder geblieben sind und für immer bleiben werden (Römer 8,15–17).

Leider kann es passieren, dass ihnen von gesetzlich eingestellten Christen trotzdem nicht nur ihre Kindesstellung bei Gott abgesprochen, sondern nachgesagt wird, dass ihr glückliches Leben in einer zweiten Ehe nicht eine Gabe von Gott, sondern eine Täuschung des Satans wäre.

Das ist eine erstaunlich vermessene These, weil sie besagt, dass auch der Satan einem Gotteskind das Heil in Christus gewiss machen könnte. Nun kann der Satan uns Christen zwar durch Betrug täuschen, aber einem Menschen den Sohn Gottes und seine Vergebung groß machen, das kann er niemals. Jesus sagte zu dem Pharisäer Simon, der ihm den freundlichen Umgang mit einer Prostituierten zum Vorwurf machte:

„Darum versichere ich dir: Ihre große Schuld ist ihr vergeben worden. Das zeigt sich an der Liebe, die sie mir erwiesen hat. Wem wenig vergeben ist, der liebt auch nur wenig. Wem viel vergeben ist, der liebt auch viel“ (Lukas 7,47). Es gibt anscheinend unter Christen auch solche, die nur darauf warten, dass Gott richtig zuschlägt und die Geschiedenen das Fürchten lehrt.

Jesus ist beim Thema Ehescheidung und Wiederheirat nicht radikaler als Mose. Er hat das Gesetz des Mose durch die „heilsame Gnade“ abgelöst, die er aus dem Himmel auf die Erde brachte. Das Alte Testament war ihm aber stets ein gültiges Wort Gottes. Diesen Aspekt sollten theologische Lehrer der Christenheit in der Frage der Ehescheidung in ihre Arbeit am biblischen Text einbeziehen. Denn gerade sie machen deutlich, wie „Ehe nach dem Sündenfall" gefährdet ist und förmlich nach einem Erlöser schreit, der nicht straft, sondern heilt. Es handelt sich im Alten Testament eben auch um Gedanken Gottes über die Ehe, die schon damals etwas vom Erbarmen Gottes mit seinen geschiedenen Kindern aufleuchten ließen. Dies geschah im AT sogar unter dem Gesetz des Mose, wie sollte es unter der Gnade Jesu Christi nicht noch viel mehr geschehen!

Wir haben gesehen, dass Jesus Christus nie einen Menschen – weder Mann noch Frau – wegen eines sittlichen Versagens, geschweige denn wegen einer Scheidung verurteilt hat. Er hat auch nie etwas gegen die Bigamie (Doppelehe) gesagt, weil man ihn danach erstaunlicherweise nicht gefragt hat. Luther hatte diesbezüglich den Mut, dem verheirateten Landgrafen *Philip I. von Hessen* (1504–1567) zur gleichzeitigen Ehe mit einer zweiten Frau zu raten, weil er die tragische Situation aller Betroffenen in priesterlichem Erbarmen klar vor Augen hatte.

Dabei berief sich Luther darauf, dass christliches Handeln immer von der ganzen Heiligen Schrift bestimmt sein müsse. Luther hielt die Sünde der Bigamie offensichtlich für geringer als die einer Scheidung, die dem Landgrafen aus seiner Verlegenheit hätte heraushelfen können. Damit befürwortete er keineswegs Bigamie oder Scheidung, sondern er war ein Seelsorger und nicht nur ein Dogmatiker.

Stellen wir noch einmal die Frage, ob Jesus, der Erlöser der Welt, das mosaische Gesetz wirklich im Sinne eines *Verbotes* der Ehescheidung radikalisiert hat. Bedeutet eine Ehescheidung wirklich „fortgesetztes Festhalten an der Sünde", wie es in manchen kirchlichen Kreisen immer noch behauptet wird? Dass der „Ehebrecher per Scheidung" in seiner Gemeinde auf einen nur halben Christen herabgestuft werden müsste, haben weder Jesus noch seine Apostel gelehrt. Wenn wir sein ernstes Wort über die Ehescheidung lesen, dürfen und müssen wir auch den Kontext beachten, in welchem er es gesprochen hat.

Denn nur wenige Verse vorher steht sein ähnlich radikales Wort über den *Mord*: *„Ihr wisst, dass unseren Vorfahren gesagt worden ist: ‚Morde nicht'. Wer einen Mord begeht, soll vor Gericht gestellt werden. Ich aber sage euch: Schon wer auf seinen Bruder zornig ist, gehört vor Gericht. Wer aber zu seinem Bruder sagt: ‚Du Idiot', der gehört vor das oberste Gericht. Und wer zu seinem Bruder sagt ‚Geh zum Teufel', der verdient, ins Feuer der Hölle geworfen zu werden"* (Matthäus 5,21–23).

Nimmt man diesen Text wörtlich und aus seinem Zusammenhang heraus, dann müsste man folgerichtig lehren, dass jeder Christ, der einen Bruder beleidigt oder sich überheblich von ihm trennt, mit Sicherheit im höllischen Feuer landet. Denn „der Herr hat es doch selbst so gesagt".

Merkwürdigerweise hat noch kein Exeget aus diesem Text die Notwendigkeit einer besonderen Kirchenstrafe für Bruderhass und Beleidigung abgeleitet. An diesem Punkt der Argumentation wird sonnenklar, dass die Worte Jesu über die Ehescheidung radikaler ausgelegt werden als seine Worte über die Lieblosigkeit oder Anmaßung einem Nächsten gegenüber.

Der Vergleich macht deutlich, wie selbstverständlich wir dem Wort Jesu ganz unterschiedliche Konsequenzen entnehmen, je nachdem, wie es gerade in unser Denk- und Dogmenschema passt. Ist es von daher nicht unredlich, dass Bruderhass straflos bleibt und Ehescheidung mit Strafen belegt wird? Jesus hat einen solchen Widerspruch ganz gewiss nicht in die Welt gesetzt. In beiden Fällen zielte er auf das Herz des Menschen, das jeden Menschen „von Natur aus" in Schuld und Sünde geraten lässt. Dahinter steht die primäre Absicht Jesu, seinen frommen Zeitgenossen klarzumachen, dass sie ihn brauchten, weil sie das Gesetz Gottes in seiner eigentlichen geistlichen Bedeutung ohne ihn gar nicht halten konnten.

Diese Absicht Jesu, sich den Menschen als einziger, wahrer Heiland anzubieten, wurde und wird leider gründlich missverstanden. Er „radikalisierte" das Gesetz, um auf dessen todbringende

Wirkung hinzuweisen, die auch mit noch radikaleren Strafen als denen des Mose nicht zu vermeiden seien. Denn Jesus wusste, dass er die Strafe für alle Sünden auf sich nehmen würde. So gesehen hat er nicht die Bestrafung, sondern die *Vergebung* der Sünden bis zum Äußersten radikalisiert. Dieser Aspekt gewinnt in der Diskussion über Scheidung und zweite Ehe zunehmend an Gewicht und lässt sich in dem Satz zusammenfassen: „Jesu hartes Gericht über den Ehebruch schließt aber Gottes Erbarmen gegenüber dem reumütigen Sünder nicht aus.“[6]

Jesus war nie erbarmungslos

Die Behauptung, dass sich Verheiratete nicht scheiden lassen dürfen, stützt sich auf das Wort Jesu: *„Wer seine Frau entlässt, es sei denn wegen Unzucht, und eine andere heiratet, der bricht die Ehe, und wer eine Geschiedene heiratet, der bricht die Ehe“* (Matthäus 19,9). Das wird von einigen Kirchen so verstanden, dass Ehescheidung für Christen prinzipiell *verboten* ist. Diese Lehre hat es in der christlichen Urgemeinde noch nicht gegeben. Sie hat sich erst später entwickelt und wurde sowohl von den jüdischen Rabbinern als auch von den frühkatholischen Christen im Nahen Osten als gegen die Natur des Menschen gerichteter Zwang abgelehnt. Interessant ist, dass sogar manche evangelischen Freikirchen den Herrn Jesus auf katholische Weise interpretieren, also im Sinne eines *Verbotes* der Ehescheidung.

Jesus spricht jedoch kein *Verbot* der Ehescheidung aus, sondern beendet eine ausführliche Lektion darüber mit den Worten: *„Wer es fassen kann, der fasse es“* (Matthäus 19,10–12). Er toleriert dabei in seelsorgerlicher Liebe die Tatsache, dass die Ehescheidung in der Natur des gefallenen Menschen liegt, der in keiner Weise dem ursprünglichen Ebenbild Gottes entspricht, wie vor dem Sündenfall. Die Frage der Pharisäer: „Darf man seine Frau aus jedem beliebigen Grund aus der Ehe entlassen?“, weist auf die internen Diskussionen der jüdischen Schriftgelehrten im Talmud hin.

Es gab schon damals in der mosaischen Religion zwei „Schulen“. Die eine sagte: Ein Mann soll seine Frau nicht aus der Ehe entlassen, die andere lehrte, dass er sie schon wegen eines unziemlichen Verhaltens entlassen durfte (z. B. schon dann, wenn sie ihm nur das Essen versalzen hatte).

Nach Meinung von Kennern des Judentums zeigt Matthäus, dass Jesus die Meinung derer vertreten hat, die eine Ehescheidung nur wegen des schweren Vergehens der ehelichen Untreue (Sex einer verheirateten Frau mit einem anderen Mann) gelten lassen wollten. Die Pharisäer vertraten im Unterschied dazu die Meinung, dass jede Missliebigkeit des Mannes die Scheidung einer Ehe erlaube.

Die Stellungnahme Jesu gegen eine Scheidung „aus jedem Grund“ stand also im Widerspruch zu der damals populären Lehre der Pharisäer, die sich mit ihrer Lehre auf Mose berufen konnten. Sie deuteten die *Erlaubnis* zur Ehescheidung als ein *Gebot,* mit welchem der jüdische Mann die untreue oder unpassende Ehefrau bestrafen oder loswerden konnte. Mose hatte die Scheidung einer Ehe jedoch für den ernsten Fall erlaubt, dass ein Ehepaar sich nichts mehr zu sagen und nichts mehr zu geben hatte.

Jesus sah den Grund dafür, dass Mose die Ehescheidung zulassen durfte, in der bösen Neigung des menschlichen Herzens. Die Erlaubnis einer Scheidung ist also auch dazu gegeben, um dadurch in einer gescheiterten Ehe ein noch größeres Übel zu vermeiden. Wenn ein Ehepartner – oder beide gleichermaßen – aufgehört haben zu lieben, hilft ihnen kein Scheidungsverbot weiter. Wie viele Menschen sind wohl schon von den eigenen Ehepartnern seelisch oder sogar physisch zugrunde gerichtet worden, weil ihnen ihre lang anhaltenden inneren Konflikte zu stark geworden sind!

Jesu Haltung zur Ehescheidung war weder ein Gebot noch ein Verbot. Er hat sie nicht gutgeheißen und nicht verboten, sondern sie als Folge des hart gewordenen menschlichen Herzens als eine mögliche Realität festgestellt. Damit wir einen Eindruck davon bekommen, was Jesus außer seiner Kritik an der Ehescheidung sonst noch gesagt hat, machen wir an dieser Stelle eine Zusammenstellung seiner wichtigsten Ratschläge und Warnungen vor Sünden, die seinen frommen Zeitgenossen – und uns heute – oft gar nicht als solche bewusst sind.

Beachten wir dabei, dass Jesus keine dieser Sünden *verboten* oder radikale Strafen dafür angedroht hat. Wo ist ein Sterblicher, der im Blick auf diesen Katalog nach göttlichem Maßstab nicht mit Paulus bekennen müsste: *„Das Gute, das ich will, tue ich nicht, und das Böse, das ich nicht will, tue ich"*? Uns Menschen nach dem Sündenfall ist eben nur durch Gnade zu helfen. Alle anderen Ratschläge und Maßnahmen können uns nicht wirklich helfen (Römer 7,19 ff.).

Allein in der „Bergpredigt" nennt Jesus schon etwa 30 „Qualitätsmerkmale", die seine Jünger nach dem Willen Gottes aufweisen sollten. Hier fassen wir einmal zusammen, was Jesus alles „verboten" oder „geboten" hat. Es liest sich wie eine Art Grundgesetz für seine zukünftige Gemeinde.

Jesus legt dabei seinen Finger auf das *Inwendige* der Menschen und zeigt ihnen, wie sie eigentlich sein *sollten*. Er zeigt ihnen, dass sie *neue* Menschen werden müssen, wenn sie Gott gefallen wollen. Die Aufzählung durch Jesus vermittelt uns einen Eindruck davon, wie wir von Natur aus sind und wie wir durch die Gnade Gottes anders werden sollen. Die erneuerten Menschen sollen göttliche Tugenden entfalten, damit durch sie auch andere Menschen einen Ansporn bekommen, sich in die Nachfolge Jesu rufen zu lassen.

Fasst man die Bergpredigt zusammen, so wird klar, dass Gott so gut wie gegen alles ist, was der Mensch seiner Natur nach will. Doch wo ist ein Sterblicher, der im Blick auf diesen göttlichen Maßstab nicht einsehen müsste, dass er aus sich selbst total unfähig ist, sein Leben nach diesem hohen Standard Gottes einzurichten? Die Lösung des Problems besteht darin, dass Gott durch sein Wort und durch seinen Heiligen Geist ganz neue Menschen schafft, die ihn lieben und seinen Willen gerne tun.

Hier also der gute Rat von Jesus Christus, was seine Jünger *nicht* tun sollen:

geistlich stolz sein;
ohne Mitleid leben;
hochmütig daherfahren;
geistlich satt sein;
unbarmherzig mit anderen umgehen;
unreinen Herzens sein;
streitsüchtig sein;
gegen erlittenes Unrecht aufbegehren;
die Schmähungen anderer erwidern;
traurig werden, wenn sie verfolgt werden;
leichtfertig mit dem Gesetz umgehen;
zürnen, hassen, beleidigen, morden;
ehebrechen oder begehren;
leichtfertig schwören;
Böses mit Bösem vergelten;
nur die Freunde lieben;
den Feind hassen;
heuchlerisch Geld spenden;
mit dem eigenen Gebetsleben prahlen;
den anderen ihre Verfehlungen nachtragen;
mit Fasten Eindruck schinden;
Schätze auf Erden sammeln;
mit begehrlichen Augen blicken;
zwei Herren dienen wollen;
um das eigene Leben besorgt sein;
die Zukunft wissen wollen;
für irdischen Gewinn leben wollen;
andere Menschen richten;
fromme Schauspielerei betreiben;
und sie sollen nicht meinen, dass es auch ohne Jesus gehe.

Das sind die Hauptgedanken der Bergpredigt. Man stelle sich vor, was in den christlichen Gemeinden passieren würde, wenn jeder dieser Weisungen Jesu – zum Tun des Guten und zum Meiden des Bösen – das gleiche Gewicht beigemessen würde wie der Weisung gegen die Ehescheidung. Unsere Kirchen tun es nicht, weil sie wissen, dass kein Mensch auch nur eines dieser Gebote Jesu ohne seine Gnade halten oder tun kann. Es kann uns aber helfen einzusehen, dass man unter diesen rund 30 Weisungen nicht die eine von der Ehescheidung herausgreifen und anders deuten darf als die übrigen.

Die meisten geschiedenen Christen wissen selbst am besten um ihre Verstrickung in Sünde und Schuld. Wenn sie ehrlich sind, rechtfertigen sie ihr Versagen nicht. Manche halten sich für unschuldig und manche sind es auch. Aber die so heilsam erziehende Gnade Gottes zeigt jedem Gotteskind seine eigene Schuld am Scheitern seiner Ehe. Der Heilige Geist wirkt ganz persönlich kräftige Impulse, dass sie sich mit aller Sündennot ihrem Heiland und Retter „an den Hals werfen“ (Luther).

Vielleicht hätten sie bei größerer geistlicher Reife ihre Ehe nicht zum Scheitern kommen lassen. Aber sie trösten sich gleichwohl mit dem göttlichen Erbarmen und erleben, dass Gott seine Gnade nicht von ihnen nimmt und ihre zweite Ehe so offensichtlich segnet, dass sie nur noch dankbar sein können.

Schuld bestrafen oder vergeben?

Diese Frage wurde schon in der frühen Kirche diskutiert, allerdings nicht in erster Linie in Bezug auf Ehescheidung. Vielmehr stellte sich die Frage, was mit Christen geschehen sollte, die in den schrecklichen Christenverfolgungen ihren Glauben und ihre Zugehörigkeit zu Jesus Christus verleugnet haben. Sie taten es, um dem Martyrium zu entgehen, während ihre Glaubensgeschwister mit dem Bekenntnis zu Jesus Christus in den Tod gegangen sind. Die „Verleugner“ galten manchen Bischöfen als Abgefallene und wurden daher oft aus ihrer Gemeinde ausgeschlossen.

Dem Buchstaben nach konnten sich die Bischöfe auf Jesus berufen, der unmissverständlich gesagt hatte: *„Fürchtet euch nicht vor denen, die nur den Körper, aber nicht die Seele töten können"* (Matthäus 10,28). Den Christen, die ihren Glauben aus Furcht vor den unausweichlichen Folgen verleugneten, konnte man mangelnde Liebe zu Jesus, mangelnden Gehorsam und mangelhaften Glaubensmut vorwerfen. Sie sollten sich wegen ihres Versagens nicht nur schämen, sondern sie wurden auch nicht mehr für würdig gehalten, in der Gemeinschaft der anderen Christen zu leben. (Wieso es damals überhaupt noch Bischöfe gab, welche eine Verfolgung ohne die Verleugnung ihres Glaubens überlebt haben, steht auf einem anderen Blatt. Manchmal konnten sie sich falsche Bescheinigungen über ihre Loyalität mit dem Kaiserkult erkaufen und blieben nur deshalb von dem Martyrium verschont. Die einfachen Gemeindeglieder hatten gewöhnlich keine Lobby, mit deren Hilfe sie sich ein falsches Zeugnis hätten erkaufen können.)

Die „Versager" im Glauben wollten darüber Buße tun und wieder Mitglieder ihrer Gemeinden werden. Da sie das mit großem Eifer anstrebten, merkten einige ihrer Bischöfe, dass der Geist Gottes noch an diesen Verleugnern wirkte. Dies wiederum war ein Zeichen dafür, dass Gott sie nicht wegen ihres schwachen Glaubens mit dem Entzug des ihnen geschenkten Heils bestraft hatte. Sie waren vorher als treue Christen bekannt gewesen, aber sie hatten (noch) nicht die Kraft, um des Bekenntnisses willen als Christen den Tod zu erleiden. Wenn man weiß, welche bestialischen Todesarten sich die Römer für die Christen ausgedacht hatten, bekommt man Mitleid und Erbarmen mit diesen unglücklichen Christenmenschen.

Wie in allen Glaubensfragen gab es auch in diesem Falle nicht immer eine Übereinstimmung der Meinungen. Einige Bischöfe ließen die Buße derer gelten, die aus Furcht vor dem Tod ihren Glauben verleugnet hatten, andere beharrten auf dem Standpunkt, dass es für diese Sünde keine Vergebung geben könne, und nahmen auch die bußfertigen Christen nicht mehr in ihre Gemeinde auf. Es ist nicht bekannt, wie es den einzelnen Bestraften hernach ergangen ist.

Es war also schon damals für die Bischöfe (die Gemeindehirten waren) eine Frage, ob eine von Christen begangene Schuld bestraft werden muss oder vergeben werden kann. Man könnte auch umgekehrt fragen, ob eine Schuld bestraft werden *darf* oder nicht sogar vergeben werden *muss.* Vermutlich gibt es – wie in allen Lehrfragen – auch in diesem Falle Bibelstellen, die sowohl die eine als auch die andere Position unterstützen.

In unserem Plädoyer für Barmherzigkeit bekommt die zweite Überzeugung den Vorzug, nämlich dass man fragen darf, „ob eine Schuld bestraft werden *kann* oder ob sie nicht um Christi willen vergeben werden *muss*". Wer die bisherigen Kapitel aufmerksam gelesen hat, wird gemerkt haben, dass im Kontext des gesamten NT gesagt wird, es könne *jede* Schuld vergeben werden, wie das Johannes in seinen Briefen ausdrücklich schreibt. Das bedeutet aber zugleich, dass jeder Christ jedem Mitchristen, der in Sünde und Schuld geraten ist, vergeben *muss*, wenn Gott in seinem Erbarmen einem Sünder vergeben hat.

Der Vergleich zwischen der Sünde der Verleugnung des Glaubens und der Sünde der Ehescheidung ist durchaus erlaubt. Denn so wie nicht jeder Christ die Kraft findet, sich im Angesicht des Todes zu seinem Glauben zu bekennen, so findet auch nicht jeder Christ die Kraft und Motivation, seine schwierige Ehe unter allen Umständen lebenslänglich zu ertragen.

Und so wie Jesus, der „große Hirte der Schafe", in das Herz seiner verfolgten Jünger sehen kann, so sieht er auch, was im Herzen von Christen vorgeht, die nicht die Kraft finden, in ihrer verfehlten Ehe durchzuhalten. In beiden Fällen kann es an der letzten Hingabe der ganzen Persönlichkeit in den Willen Gottes fehlen. Doch auch in beiden Fällen hört der Glaube im Herzen eines Schuldigen durch ein noch so gravierendes Versagen nicht auf.

Wer darauf beharrt, dass er oder seine Kirche einen geschiedenen Mitchristen für dessen Versagen bestrafen müsse, der muss sich mit der Tatsache auseinandersetzen, dass Gott dem schuldigen, aber reumütigen Sünder – um des Opfers Jesu willen – vergeben hat. Der aus Schwachheit gestrauchelte Christ merkt es zuallererst selber, ob der Geist der Gnade mit dem Zeugnis seiner Gotteskindschaft von ihm gewichen ist oder nicht.

In der Literatur ist mir kein Beispiel bekannt, wo ein gestrauchelter Christ von Gott „aufgegeben" worden wäre. Das liegt allerdings auch daran, dass die Erfahrungen in der Seelsorge ausschließlich vor Gottes Augen geschehen und unter das Beichtgeheimnis fallen, somit also auch nicht publik werden.

Anders ist es nur in der katholischen Kirche, die in Bezug auf die unauflösliche Ehe keine Beichte abnimmt und dem Schuldigen auch keine Absolution für seine Scheidung gewährt. Er muss aufgrund der geltenden Dogmatik mit seiner zur „Todsünde" erklärten Schuld leben und sterben. Glücklicherweise hat auch die katholische Kirche eine beachtliche Seelsorge (Geschiedenenpastoral) etabliert, die Ausnahmen zulässt und vor Hoffnungslosigkeit bewahren hilft. Gemeint ist die Seelsorge, die auch geschiedenen katholischen Christen nicht mehr versagt wird.

Der springende Punkt bei der Geschiedenenpastoral – um diesen seelsorgerlichen Fachbegriff zu gebrauchen – ist das Jesuswort *„Was Gott zusammengefügt hat, das soll der Mensch nicht scheiden"*. Dass Jesus es den jüdischen Gesetzeslehrern sagte – und nicht etwa seinen Jüngern –, spielt bei der strengen katholischen – und manchmal auch der freikirchlichen – Auslegung offensichtlich keine Rolle. Doch für seine Jünger hat Jesus eine andere Lehre, die auf die jeweiligen Umstände Rücksicht nimmt.

Das fällt uns wahrscheinlich gleich ein, wenn wir uns an Matthäus 19,1–12 zurückerinnern. Ganz kurz zusammengefasst war es so: Die Jünger Jesu waren von dem „radikalen" Wort ihres Meisters so schockiert, dass sie es für besser hielten, überhaupt nicht zu heiraten. Sie trauten es sich ganz offensichtlich nicht zu, so radikale Gebote zu halten, wie Jesus sie vertreten hat (Vers 10).

Aber der Herr sagt dort nicht etwa, dass sie es mit seiner Hilfe schon schaffen würden, weil sie doch wiedergeboren wären und kein hartes Herz mehr hätten. Er ermutigt sie auch keineswegs, ihre Absicht, lieber ehelos zu bleiben als das Risiko einer eventuellen Scheidung einzugehen, in resignierender Selbstverachtung oder kühner Selbstüberschätzung zu verwirklichen. Jesus gibt seinen Jüngern vielmehr eine Lektion, die sich deutlich von dem unterscheidet, was er den Pharisäern gesagt hat, die offensichtlich in der Scheidungsfrage auch anderer Meinung waren als er. Jenen strafbereiten Theologen stellte Jesus die tiefen Gedanken Gottes mit der Ehe vor Augen; er ließ sich aber nicht auf eine Diskussion über dieses Thema mit ihnen ein. Auch dafür hatte Jesus sicher seine Gründe.

Seine Jünger bekamen allerdings noch „Privatunterricht“ über die ernsten Fragen der Ehescheidung. Ihnen zeigt er, dass sie sich vor dem „radikalen“ Gebot nicht zu fürchten brauchten. Gott gibt jedem Menschen die Freiheit, zu heiraten, wen er will. Ob aber jede Ehe wirklich gelingt, lässt auch Jesus offen. Er sagt seinen Jüngern: *„Was ich jetzt sage, kann nicht jeder verstehen, sondern nur die, denen Gott das Verständnis gegeben hat“* (Matthäus 19,11). Dann redet er von den „Verschnittenen“, also den zur Ehe unfähigen Männern. Diese mögen ohne Ehe bleiben, aber nicht aufgrund einer höheren Heiligungsstufe, sondern nur weil es ihnen von Gott gegeben ist. Jesus beendete die Lektion mit den Worten: „Versteht es, wenn ihr könnt.“

Bei den Worten Jesu bleibt Spielraum für individuelle Einsichten, Veranlagungen, Berufungen und ähnliche Kategorien. Der Apostel Paulus hat diese „straffreie“ Weite für individuelle Entscheidungen in Sachen Ehe anscheinend für sich selbst so gesehen: *„Hätte ich nicht das Recht, eine christliche Ehefrau (Schwester) auf meine Reisen mitzunehmen, wie es die anderen Apostel tun und die Brüder des Herrn und auch Petrus?“* (1. Korinther 9,5).

Er sagt dies im Zusammenhang mit dem Vorwurf aus der von ihm gegründeten Gemeinde heraus, dass er sich durch seinen Dienst angeblich „Vorrechte“ angemaßt habe. Paulus verteidigt sich unter anderem auch damit, dass er darauf verzichtet, eine Glaubensschwester als Ehefrau auf seine Reisen mitzunehmen, obwohl er – wie die anderen Apostel – ein Recht darauf gehabt hätte. Die Bemerkung lässt erkennen, dass Paulus in Sachen Ehe kein Moralapostel war. Sein Herz brannte jedoch für die Belange des Reiches Gottes. Das 9. Kapitel im 1. Korintherbrief ist sowieso ein gutes Beispiel für jeden hauptamtlichen kirchlichen Amtsträger.

Bleiben wir noch einmal beim Apostel Paulus. Ihm war zugetragen worden, dass in der Gemeinde zu Korinth etliche die Lehre verbreitet hätten, dass man nicht heiraten solle: *„Das Beste ist, wenn man überhaupt keine Frau berührt“* (1. Korinther 7,1). Das war auch genau die erste Reaktion der Jünger auf das radikale Wort Jesu zu Fragen der Ehe gewesen. Paulus schreibt: *„Ich dagegen sage: Damit ihr nicht der Unzucht verfallt, sollte jeder Mann eine Ehefrau haben und jede Frau einen Ehemann“* (Vers 2). Er sagt in diesem Zusammenhang allerdings, dass er diesen Rat nicht als ein *Gebot* verstehe, sondern als ein Zugeständnis, weil sich die Gemeindeglieder sexuell nicht enthalten könnten – auch die Frauen nicht (Vers 6). Manche Ausleger der Bibel haben diesen apostolischen Rat auch schon als ein *Gebot* verstanden und demgemäß gelehrt, dass jeder Christ verheiratet sein *müsste*.

Da Paulus selbst freiwillig ehelos gelebt hat, ist es erstaunlich, wie freimütig er über den intimen Umgang christlicher Eheleute schreibt: *„Der Mann soll seine Frau nicht vernachlässigen, und die Frau soll sich ihrem Mann nicht versagen. Die Frau verfügt nicht über ihren Körper, sondern der Mann; ebenso verfügt der Mann nicht über seinen Körper, sondern die Frau. Keiner soll sich dem anderen entziehen – höchstens wenn ihr euch einig werdet,* *eine Zeitlang auf den ehelichen Verkehr zu verzichten, um euch dem Gebet zu widmen. Aber danach sollt ihr wieder zusammenkommen; sonst verführt euch der Satan, weil der Trieb in euch zu mächtig ist"* (Verse 3–5).

Die Meinung, dass „wahre" Christen nicht mehr sündigen können, ist dadurch widerlegt, dass der Apostel Paulus den „Heiligen" in Korinth Ratschläge gibt, die deren Anfälligkeit für sexuelle Sünden realistisch einkalkulieren. Wer die von Gott gewollten natürlichen „Biomechanismen" zwischen Mann und Frau nicht zur Kenntnis nimmt, treibt durch seine übergeistliche Anmaßung die Gläubigen dem Satan ins Netz der Verführung zur Unzucht. Die Briefe des Apostels Paulus belegen die Tatsache, dass auch die Heiligen (Gläubigen) noch menschliche Schwächen haben und Niederlagen im Glaubensleben erleiden können.

Paulus hatte also kein gestörtes Verhältnis zur Sexualität in der christlichen Ehe. Wäre er gefragt worden, wie sich diese seine seelsorgerlich verantwortungsvolle Lehre auf dem Hintergrund der Lehre Jesu zum Thema Scheidung und Wiederheirat auswirken könnte, hätte er vermutlich auch eine ähnlich natürliche Lösung vorgeschlagen wie für die Christen in Korinth.

Was sollte ein geschiedener Christ machen, wenn er aufgrund seiner Scheidung keine Ehefrau mehr haben „durfte"? Wie sollte er mit dem „zu mächtigen Trieb in ihm" umgehen, der ihm in der ersten Ehe vielleicht völlig abhanden gekommen war, sich aber jetzt wieder regte? Es darf angenommen werden, dass Paulus auch geschiedenen Christen aus denselben Gründen wie verheirateten empfohlen hätte, sich nicht der List des Satans auszusetzen, der sie wegen ihrer „Schwachstelle" zur außerehelichen Unzucht und allen damit verbundenen Konsequenzen zu verführen gewusst hätte.

An dieser Stelle kann man nicht an der Frage des *Pflichtzölibats* der katholischen Geistlichen herumkommen. Von der Idee her ist das Gebot der Ehelosigkeit ganz im Sinne Jesu, der es lobt, dass manche Männer sich selbst „verschnitten haben um des Himmelreiches willen“, d. h. um ihre Berufung in den „Weinberg Gottes“ ungehindert und ohne Ablenkung ausüben zu können. In der Praxis lässt die katholische Kirche aber gerade die nüchterne und realistische Sicht des Apostels Paulus außer Acht, der wusste, dass nicht jeder Mann und jede Frau – und auch nicht für alle Zeiten – die Gnadengabe (Charisma) der Ehelosigkeit haben.

Selbst „gute“ Katholiken weisen darauf hin, dass Paulus vor einem expliziten *Verbot der Ehe* als vor einer *Lehre der Dämonen* gewarnt hat (1. Timotheus 3,1 ff., 4,1–5). Die weitere Entwicklung in diesem Punkt bleibt abzuwarten. Es muss aber auch gesagt sein, dass sicher die überwiegende Mehrheit der katholischen Kleriker das zölibatäre Leben glaubwürdig und vorbildlich auslebt. Sie können ihre Berufung zur Ehelosigkeit mit Freude und Dankbarkeit als eine besondere Gnadengabe von Gott erleben und zum Besten ihrer Gemeinden dienen lassen. Aber eben nur die, denen es *Gott* gegeben hat.

Nach diesem Exkurs in einige mit unserem Thema verwandte Aspekte wollen wir zu der Frage zurückkommen, ob die Schuld der Ehescheidung von einer Kirche bestraft werden muss oder ob sie vom Evangelium her vergeben werden kann. Das Wort Jesu über die Ehescheidung darf nicht einseitig als ein striktes Verbot interpretiert werden, so als wäre Jesus nicht am Kreuz auch für diese Sünde gestorben. Das würde dem Evangelium die Spitze nehmen und einen Rückfall *hinter* das mosaische Gesetz bedeuten. Das aber darf nicht sein, denn Gott hat durch Jesus Christus mit der ganzen Menschheit einen Neuen Bund gemacht, der auf der Gnade beruht und mit einer totalen Sündenvergebung beginnt.

Kapitel 5

Was Kirchen über Ehescheidung lehren

Eine notwendige Einleitung zum Thema

Das geschriebene NT verwendet den Begriff *„nuthesia"* (griech.) für den Vorgang der geistlichen Zurechtbringung. Das Wort lässt sich nicht einfach ins Deutsche übersetzen, man muss es mit mehreren sinngemäßen Begriffen umschreiben. Etwa so: „durch Worte ermahnen", „durch Worte erziehen", „Worte ans Herz legen" oder auch „zurechtbringen, ohne zu beschämen".

Paulus hat diesen Begriff häufig benutzt und das entsprechende Konzept ausdrücklich vertreten, deshalb kann er nicht als Kronzeuge für die Strafmentalität dienen, die es zu allen Zeiten in Kirchen und Freikirchen gegeben hat. Denn nicht alle Kirchen gehen mit dem Problem der Ehescheidung und der zweiten Ehe *„nuthetisch"* um, also so, dass sie den irrenden Sünder für die Wahrheit des Evangeliums gewinnen wollen.

Es gibt allerdings einige gedankliche Ansätze bei Paulus, die später von der Kirche als „Beleg" für die beginnende und sich rapide entwickelnde kirchliche Gerichtsbarkeit verwendet – um nicht zu sagen missbraucht – worden sind. Jedenfalls haben die alten Kirchen in Ost und West den seelsorgerlichen Dienst an ihren

Mitgliedern relativ bald in eine eigene kirchliche Gerichtsbarkeit eingebunden, die ähnlich funktioniert wie eine weltliche Justiz. Das bedeutet, dass es eine Unterscheidung von lässlichen und unlässlichen Sünden gibt. Je nachdem, welche Sünde bei der Beichte bekannt wird, fallen die Urteile und kirchlichen Auflagen aus, die dem Beichtenden auferlegt werden. Es ist bemerkenswert, dass in der größten christlichen Konfessionskirche die Ehescheidung zu den Sünden gezählt wird, die auch dem reuigen Sünder nicht gänzlich vergeben werden.

Die meisten christlichen Kirchen (und Freikirchen) folgen diesbezüglich konsequent der apostolischen Lehre, dass Jesus für alle Sünden aller Menschen am Kreuz gestorben ist und damit alle und jede Schuld aller reumütigen Sünder bezahlt hat. Die mündliche Verkündigung und schriftliche Belehrung ihrer Gemeindeglieder zielt darauf ab, sie vor der Beschädigung ihres Glaubenslebens zu warnen und sie zu lehren, wie sie sich vor Gefahren schützen und im rechten Glauben bewahren können. Schematisch dargestellt sieht das so aus:

1. *Absonderung* von sektiererischen Irrlehrern:
   Römer 16,17–18; 1. Korinther 11,3.13–15; Galater 2,4; Philipper 3,2–3.17–19; Kolosser 2,18–19; 1. Timotheus 6,3–5; 2. Petrus 2,1–2; 1. Johannes 2,21–27; 4,1; 2. Johannes 9,10; Judasbrief.
2. *Distanzierung* von „Hurern“ (d. h. Unreinen), Geizigen, Abgöttischen, Lästerern, Trunkenbolden, Arbeitsscheuen und Räubern:
   1. Korinther 6,10; 1. Korinther 5,9–13; 2. Korinther 12,20–21; 2. Korinther 13,2–3; 2. Thessalonicher 3,14–15.
3. *Abstinenz* gegenüber dem Lebensstil der Ungläubigen:
   Römer 12,2–3; 2. Korinther 6,14–17; Jakobus 4; 1. Johannes 2,15–18.

Biblische „Kirchenzucht“ – man sollte nur noch von „Seelsorge“ reden – zielt als priesterliches Handeln grundsätzlich auf die Buße im Sinne der Besinnung und Umkehr zu einem Leben im Lichte

Gottes. Wenn Strafen verhängt werden, z. B. die Forderung auf den Verzicht auf ein kirchliches Amt, bedeutet das nicht, dass jemand aus seiner Gemeinde oder vom Abendmahl (Eucharistie) ausgeschlossen wird. Darum entspricht es eben nicht einer biblischen Seelsorge, wenn Geschiedenen die Beichte und Absolution vorenthalten wird. Noch weniger entspricht es dem NT, wenn trotz Absolution noch zusätzliche Kirchenstrafen über ein Gemeindeglied verhängt werden.

Im Rahmen unserer Betrachtung über die Sünde der Ehescheidung ist sehr lehrreich, dass Paulus sie nicht einmal erwähnt, wenn er vom Umgang mit unbußfertigen Gemeindegliedern abrät: *„Ich schreibe euch darum jetzt ausdrücklich: Ihr sollt mit keinem Umgang haben, der sich Bruder nennt und trotzdem Unzucht treibt oder am Geld hängt oder Götzen verehrt, der ein Verleumder, Trinker und Räuber ist. Mit einem solchen sollt ihr nicht zusammen essen"* (1. Korinther 5,11). Bei dieser Aufzählung nennt Paulus die Geschiedenen *nicht,* vielmehr warnt er vor falschen Brüdern, *„die am Geld hängen, Unzucht treiben, Götzen verehren, Verleumder, Trinker oder Räuber"* sind. Von ihnen sollen sich Christen fernhalten, damit sie nachdenklich werden und umkehren.

Jesus sagt, dass solche Leute sich selbst vom Himmelreich ausschließen – was er von den geschiedenen Christen nie gesagt hat. Eine „Radikalisierung" der göttlichen Strafen im Falle einer Ehescheidung – die in manchen Kirchen sogar als Verlust der persönlichen Errettung verstanden wird – lässt sich mit der Bibel nicht begründen. Jesus führt die Ehe auf ihren göttlichen Ursprung zurück (Matthäus 5,32; 19,9), aber er betont auch ihre Vorläufigkeit und Diesseitigkeit (Markus 12,25). Sie endet mit dem Tod eines der Partner und findet jenseits des Grabes mit keinem Partner eine Fortsetzung (Matthäus 22,30).

Im gesamten NT wird die Ehe nie in den Rang einer besonderen geistlichen Qualifikation erhoben. Sie wird ganz realistisch als eine schöne, aber auch beständige Aufgabe für zwei verheiratete Menschen gesehen. Eine gar „sakrale" Bedeutung hat die Ehe in der Bibel nicht. Es gibt zwar bei Paulus eine Aussage, die man bei oberflächlicher Exegese in Richtung einer sakralen Bedeutung deuten kann. Er spricht dort von der leiblichen Vereinigung zwischen Mann und Frau als von einem „großen Geheimnis" (im griechischen Text „Mysterion" genannt), aber er sagt sofort ausdrücklich: *„Ich rede aber von Christus und der Gemeinde"* (Epheser 5,21 ff.). Durch eine falsche Auslegung wurde daraus schließlich das „Sakrament der Ehe" und damit verbunden das Dogma von ihrer Unauflöslichkeit. So etwas steht aber nirgends in der Bibel. Dass nur die *Kirche* durch ihre Mitwirkung eine gültige Ehe begründen könne, ist eine Forderung, die erst im 11. Jahrhundert unter Kaiser Alexius I. für alle Christen verbindlich gemacht worden ist.[7]

Wir haben bereits eine zeitgemäße Statistik von den heutigen vielen Kirchen und Freikirchen kennengelernt. Jetzt wollen wir den vorsichtigen Versuch unternehmen, die Lehre und Praxis der größten Kirchen in Sachen Ehescheidung und Wiederverheiratung in der geschichtlichen Reihenfolge ihrer Entstehung kurz zu beschreiben. Im folgenden Abschnitt werden also die dogmatischen Prinzipien dargestellt, die in den verschiedenen Kirchen in Sachen Ehescheidung gelten. Die Reihenfolge, in welcher die Kirchen genannt werden, richtet sich nicht nach ihrer Größe oder Bedeutung, sondern nach den Zeitläufen ihrer jeweiligen Entstehungs- und Wirkungsgeschichte.

Ehescheidung in den orthodoxen Kirchen

Die Ehe gilt in den orthodoxen („rechtgläubigen") Kirchen als von Gott gewollte und von Jesus bestätigte Lebensordnung in unserer Welt. Das *sakramentale* Eheverständnis war das ganze erste Jahrtausend hindurch noch kontrovers, einschließlich der Frage ihrer Unauflöslichkeit. Zitat: *„Die Ehe wird durch den Tod, kann aber auch durch ein anderes Vorkommen, welches sozusagen die kirchliche Idee der Unauflöslichkeit der Ehe besiegt, die moralische und religiöse Grundlage derselben zerstört und ein Tod in einem anderen Sinne ist, gelöst werden"*.[8]

„Bis der Tod euch scheidet" – dieses Wort wird in der Orthodoxie nicht nur auf den natürlichen, sondern auch auf den moralischen und religiösen „Tod" gedeutet. Die Trennung einer Ehe erfolgt demzufolge von ganz alleine, wenn

a) die eheliche Gemeinschaft (Geschlechtsverkehr) aufgehört hat oder zerstört ist;
b) die Grundlage der Ehe zwischen den Ehegatten (d. h. das Ja zueinander) geschwunden ist;
c) der Zweck der ehelichen Verbindung (Kinder) nicht mehr erreicht werden kann.

Ein solcher Zustand zwischen einem verheirateten Paar bedeutet, dass die Ehe aufgehört hat zu bestehen. Die beiden wurden „durch Gott selbst" getrennt.[9] Die im letzten Satz zitierte Formulierung beweist ein hohes Maß an seelsorgerlichem Realitätssinn und eine dem Geist Jesu entsprechende Interpretation des – nicht in der Bibel verankerten – Spruches „Bis dass der Tod euch scheidet".

Scheidung und Wiederverheiratung wurden in der orthodoxen Kirche dem schuldlosen Teil schon immer zugebilligt. Aber auch aus anderen Gründen konnte eine bestehende Ehe als aufgelöst erklärt werden. Allerdings ist ein *kirchliches Scheidungsurteil* oder zumindest die Beurkundung der „Heiratsfähigkeit" durch den Diözesanbischof oder eine von ihm beauftragte Kirchenbehörde für die kirchliche Wiederverheiratung erforderlich. Die Entscheidung eines Zivilgerichtes allein genügt nicht.[10]

Es ist bemerkenswert, mit welch einer realistischen Einstellung die orthodoxen Kirchen das mögliche Erlöschen einer Ehe zu bedenken bereit sind. Ihre Ansicht, dass bei einer Unfähigkeit zum Vollzug der leiblichen Gemeinschaft eine Ehe „von Gott selbst geschieden" worden ist, greift weit auf das Geheimnis wahrer Ehe zurück, wie Jesus es auch getan hat. Seine Erklärung, dass eine Ehescheidung den Bruch einer Ehe darstellt, haben die frühen (orthodoxen) Kirchen nicht als Verbot der Scheidung interpretiert, sondern als eine *Diagnose*. Daher haben sie die Ehescheidung nicht als ein moralisches Versagen eingestuft, sondern als ein Unglück, das auch Christen treffen kann. Immerhin wird bei Bischöfen ein strengerer Maßstab angelegt. Wenn jemand in ein orthodoxes Leitungsamt berufen werden soll, bekommt ein verwitweter Kandidat meistens den Zuschlag, und es ist erwünscht, dass er nicht noch einmal heiratet (1. Timotheus 3,2).

Die römisch-katholische Kirche: Ehe ist unauflöslich

Wie die orthodoxen Kirchen legt auch die römisch-katholische Kirche Wert darauf, dass eine Ehe in Anwesenheit eines ordinierten Geistlichen geschlossen wird. Sie geht mit der Sakramentierung der Ehe weiter als die Ostkirche, indem sie die Unauflöslichkeit der Ehe zu einem verbindlichen Dogma gemacht hat. Ein Zugeständnis wurde der Gemeinde jedoch gewährt, nämlich dass bei Verhinderung des Priesters in einem Notfall sogar die anwesenden katholischen Trauzeugen die Gültigkeit einer Ehe begründen können. Der Trauakt gilt dann als unter Mitwirkung der Kirche sakramental vollzogen.

Fest steht für alle Katholiken, dass eine gültige Ehe unauflöslich ist. Dieser Lehrsatz gilt nicht nur als strenge Anforderung, sondern wird von den Bischöfen auch als beständige seelsorgerliche Aufgabe der Kirche ernst genommen. Trotzdem sorgt dieses Dogma immer wieder für Unruhe unter den katholischen Laien. Problematisch ist, dass die Sakramente nur dann als wirksam gelten, wenn der katholische Christ eine „Grundentscheidung für Gott" getroffen hat. Diese aber kann bei den einzelnen Katholiken fehlen, und dann bleibt der kirchliche Segen „unfruchtbar", der dem Menschen in den Sakramenten durch die priesterliche Amtshandlung gespendet worden ist.[11]

Es wird also nicht stur an der Unauflöslichkeit der Ehe festgehalten, sondern sehr differenziert darauf hingewirkt, dass eine gefährdete Ehe nur dann aufrechterhalten werden soll, wenn sie überhaupt noch als Ehe angesehen werden kann. Aus langer Erfahrung im Umgang mit Nöten in der Ehe ist inzwischen manche seelsorgerliche Öffnung vollzogen worden. So kann auch aus katholischer Sicht eine Scheidung zur Pflicht werden, „wenn ein Mensch in der Ehe umkommt“.[12]

Der Seelsorger hat abzuwägen, ob das Überleben durch eine Scheidung nicht ein höheres sittliches Gebot ist als das Verbleiben in einer Ehe, in der jemand umkommt. Eine Scheidung der Ehe ist also auch in der römisch-katholischen Kirche denkbar und wird praktiziert, jedoch mit der Einschränkung, dass *wiederverheiratete* Mitglieder von der Eucharistie ausgeschlossen bleiben. Die Wiederverheiratung eines geschiedenen Katholiken ist nur dann möglich, wenn eine gescheiterte Ehe von der Kirche offiziell für ungültig erklärt wird. Deshalb suchen gerade die ernsthaften Katholiken Hilfe bei ihrem Bischof und hoffen auf ein „Ehenichtigkeitsverfahren“ beim obersten Gerichtshof der Kirche in Rom, welches sie von dem strikten Verbot der Wiederheirat befreien kann. Die Anträge der Katholiken bei diesem höchsten Kirchengericht sind zwischen 1960 und 1970 – also in einem Jahrzehnt – um 500 Prozent gestiegen und der Trend hat sich inzwischen vervielfacht.[13]

Leider kann nur einem ganz verschwindend kleinen Bruchteil der Antragsteller durch die Feststellung geholfen werden, dass ihre Ehe vor der Kirche als ungültig eingestuft wird und sie daher noch einmal heiraten dürfen. Die seelsorgerlichen Nöte, die daraus resultieren, werden aber nicht einfach ignoriert. In der Bundesrepublik Deutschland hat sich bereits 1971 eine gemeinsame Synode der Bistümer eingehend mit dem Thema befasst. Es ist damals sogar zu einem „zweigleisigen“ Beschluss gekommen, der anzeigt, welche unterschiedlichen Positionen sich aus der Diskussion innerhalb der römisch-katholischen Kirche ergeben haben.

Da sind die Vertreter der herkömmlichen strikten Ehemoral, die eine Scheidung und Wiederverheiratung nur im Rahmen der kirchlichen Vorschriften gelten lassen, wie sie bereits kurz genannt worden sind. Aber daneben stehen – zahlenmäßig und theologisch ebenbürtig – auch Vertreter einer auf seelsorgerliche Hilfe zielenden Auslegung, die dem Wort Gottes nicht minder treu sein möchten und doch für die *Vergebung der Scheidungssünde als Alternative zur Bestrafung* plädieren. Der von der Synode erstellte Text des „Beschlusses" lässt sich am besten verstehen und leichter diskutieren, wenn er zweiteilig übersichtlich dargestellt wird.

A = theologischer Aspekt/B = pastoraler Aspekt

1A) Kann sich die Kirche zum Anspruch Christi auf Unauflöslichkeit der Ehe bekennen und zugleich einzelnen Gliedern, die in ihrer Lebenssituation gegen diesen Anspruch verstoßen, die volle Gemeinschaft im Bereich der Öffentlichkeit der Kirche und die Gemeinschaft der Sakramente gewähren?

1B) Kann nicht jede Schuld Vergebung finden und kann die Kirche dieser Vergebung nicht durch Zulassung zur Eucharistie (Gemeinschaft des Abendmahls) Rechnung tragen?

2A) Es kann keine Forderung christlicher Seelsorge (Pastoral) sein, was gegen eine klare Forderung Christi und die daraus abgeleitete kirchliche Moral verstößt.

2B) Man muss ernst machen mit der Tatsache, dass schuldhaft begangenes Unrecht bereut werden und nach der Verheißung Jesu vergeben werden kann; dass es den ehrlichen und vollen Willen zur notwendigen Wiedergutmachung auch dann geben kann, wenn an dem durch das schuldhafte Tun hervorgebrachten Zustand nichts mehr geändert werden darf.

3A) Die in einer ungültigen Ehe und in ihrem sexuellen Verhalten wie Eheleute lebenden Menschen begehen permanent Ehebruch an ihrem früheren rechtmäßigen Ehepartner und laden damit dauernd schwere Schuld auf sich.

3B) Die faktisch bestehende neue Verbindung zwischen den Partnern wird nicht selten zu einer sittlich verpflichtenden Verbindung und dadurch zu einem das weitere sittliche Urteil und Verhalten normierenden Faktor.

4A) Die in dieser Weise Zusammenlebenden geben der Gemeinde ein öffentliches Ärgernis. Mit der Zulassung zu den Sakramenten würde die Kirche eine solche Verbindung offiziell gutheißen.

4B) Ist dies der Fall, und knüpfen die Partner ihr Sexualethos an eine als dauerhaft betrachtete und bejahte Bindung an, so unterscheidet sich das wesentlich von einer wahllosen Inanspruchnahme von Sexualität außerhalb einer am Leitbild der christlichen Ehe orientierten Bindung.

5A) Es ist um des christlichen Ethos von der Unauflöslichkeit der Ehe willen, das die Kirche vor den Menschen zu bezeugen hat, besser, den vielen die notwendige institutionelle Stärkung und Abstützung für den Bestand ihrer Ehe auch in Krisensituationen zu geben, als einigen, unter Schwächung des Ganzen, in ihrer Not zu helfen.

5B) Wenn jene von der Eucharistie (Abendmahlsgemeinschaft) ausgeschlossen werden, die ihre Schuld bereut und nach Kräften wiedergutgemacht haben, jetzt aber glauben, nicht anders handeln zu können, so würde Reue und Umkehr von der Gemeinde nicht ernst genommen, es würde ihnen faktisch nicht vergeben werden.

6A) Die in einer ungültigen Ehe lebenden Christen werden damit nicht religiös und kirchlich abgeschrieben. Wie den Büßern der alten Kirche bleibt ihnen Gott in seinem Wort, in Gebet und Liturgie zugewandt. Nur die volle Eucharistiegemeinschaft in der Öffentlichkeit der Gemeinde muss ihnen verwehrt werden.

6B) Darüber hinaus ist an alle jene zu denken, die keine oder nur geringe Schuld am Scheitern ihrer ersten Ehe trifft oder die gar von der Ungültigkeit ihrer ersten Ehe überzeugt sind, dies jedoch nicht ausreichend beweisen können.[14]

Die römisch-katholische Kirche hat also schon seit 1975 sorgfältig formuliert, was als Ergebnis ihrer Diskussion zur Frage

„Ehescheidung und Wiederverheiratung“ bis dahin gesagt werden konnte. Es haben sich zwei Positionen herausgeschält, die beide vom Neuen Testament her vertretbar erscheinen. Die Bischöfe der Oberrheinischen Kirchenprovinz haben 1993 ebenfalls zur Situation geschiedener und wiederverheirateter Christen Stellung genommen. Dabei haben sie den „Maßstab des Evangeliums“, die „Verantwortung der christlichen Gemeinde“ (für ihre geschiedenen Mitglieder) sowie die „Teilnahme an den Sakramenten“ sehr einfühlsam in einem gemeinsamen „Hirtenwort“ veröffentlicht.

Bemerkenswert ist der letzte Absatz dieses katholischen Hirtenwortes: *„Zum Schluss möchten wir allen danken, die sich um die seelsorgerliche Begleitung der Geschiedenen und wiederverheirateten Geschiedenen mühen. Wir werden solche Anstrengungen in Zukunft noch sehr verstärken und deutlich machen müssen, dass Gottes Barmherzigkeit jedem Menschen in jeder Situation gilt, wenn er bereit ist, umzukehren und sein Herz neu für Gott zu öffnen. Wir bitten Sie alle, liebe Schwestern und Brüder, um ihr Gebet für die jungen Menschen, die sich auf die Ehe vorbereiten, für die Eheleute und ihre Familien wie für die, welche in ihrer Ehe gescheitert sind. Allen gilt: Gott ist treu; er wird uns Kraft geben“* (1. Korinther 1,9; 10,13; 2. Thessalonicher 3,3).[15]

Viele katholische Gläubige, die sich vor Gott und Menschen wegen ihrer Ehescheidung und zweiten Ehe schuldig fühlen, leben vermutlich in dieser Spannung. Man wird am Ende jedem betroffenen Paar und jedem Seelsorger die Gewissensentscheidung überlassen müssen, die in einem speziellen Fall vor Gott verantwortet werden kann. In der seelsorgerlichen Praxis der römisch-katholischen Kirche gibt es schon manche Handreichungen für ihre geschiedenen und wiederverheirateten Mitglieder wie Tagungen, Seminare, Anlaufstellen und das Angebot von Einzelgesprächen, die in vielen Fällen in eine Beichte einmünden.

Geschiedene katholische Christen haben in ihrer Kirche alle Rechte und Pflichten, sie werden jedoch nicht zur Eucharistie

(Abendmahl) zugelassen. Problematisch bleibt allerdings ihre Wiederverheiratung, wenn Geschiedene erkennen, dass ihnen die Gnadengabe der Ehelosigkeit nicht gegeben ist. Dann fühlen sich die Betroffenen von ihrer Kirche unverstanden. Deren dogmatisch bedingte Haltung erscheint in der Tat wie ein Widerspruch zu der unerschöpflichen Sünderliebe Jesu im Evangelium.

Die reformatorischen Kirchen

Martin Luther hat – wie schon erwähnt – einem deutschen Fürsten den „Beichtrat" gegeben, neben seiner Frau noch eine zweite zu heiraten. Der erlauchte Fürst befolgte diesen Rat und lebte mit zwei Frauen gleichzeitig, die ihm beide mehrere Kinder schenkten. Luther konnte es anscheinend mit seinem Gewissen vereinbaren, einem Menschen in der Kirche – ausnahmsweise – das zu gestatten, was Gott im Alten Testament fast wie selbstverständlich jedem gläubigen Juden zugestanden hat. Ganz allgemein hat Luther zwischen Sünden aus bösem Vorsatz und Sünden aus Schwachheit unterschieden. In seinen „Tischreden" sagte er einmal: *„… und ob sie* (Christen) ... *auch straucheln und in Sünde fallen, wird es ihnen doch vergeben, wenn sie wieder aufstehen und sich an Christus halten, welcher will, dass man das verlorene Schaf nicht verjagen, sondern suchen soll."*

Tatsächlich hat Jesus sich nie gegen die in Israel üblichen Sitten gewandt. Er war in dieser Hinsicht ein traditioneller Jude, der sich dem üblichen Verhalten seiner Umgebung angepasst hat. Beispielsweise bezahlte er die Tempelsteuer und respektierte die Gottesdienstordnung der Synagoge. Er sagte auch nichts zur Frage der Bigamie, die nach der damaligen jüdischen Ehe-Ethik durchaus noch vorgekommen sein konnte; vermutlich hat ihn auch niemand nach seiner Meinung darüber gefragt, weil Bigamie im Gesetz des Mose kein Thema war.

Aber kommen wir zu den lutherischen und reformierten evangelischen Kirchen und ihrem Umgang mit ihren geschiedenen (meist auch zum zweiten Mal verheirateten) Kirchenmitgliedern. Die evangelischen Kirchen ähneln in ihren Lehrfragen ein wenig den „autokephalen", d. h. eigenständigen orthodoxen Kirchen, die kein oberstes verbindliches Lehramt haben. Hier wie dort erhalten Lehraussagen ihr Gewicht hauptsächlich durch die Autorität der jeweils populären Theologen und der leitenden Bischöfe. Sie gelten daher auch nicht als unfehlbar, sondern eher als normierend. Das gilt im Besonderen für die reformierten Kirchen (Calvinisten).

Luther galt zu seiner Zeit für viele „Protestanten" (aber nicht für alle) als *der* Lehrer, den man auch in seelsorgerlichen Fällen um Rat fragte. Obwohl er als Exeget und Dogmatiker immer ein Kind seiner von mittelalterlichen Anschauungen geprägten Zeit und als Mönch immer etwas „augustinisch" geblieben war, befreite er sich selbst und andere von manchen „babylonischen" Fesseln der damals mächtigen päpstlichen Kirche. Er widersprach nicht nur dem Zölibat ganz demonstrativ durch seine Heirat mit der vorherigen Nonne Katharina von Bora, sondern auch der Sakramentierung der Ehe. Für ihn und seine Anhänger war die Ehe kein Sakrament, sondern ein „weltlich Ding". Die Ehe galt ihm aber trotzdem als Institution, die einerseits von der weltlichen Obrigkeit geschützt und andererseits von der Kirche gegen alle Leichtfertigkeit gestützt werden sollte.

Luther verhielt sich in der Sache pragmatisch und ließ bestimmte Gründe für eine Ehescheidung zu, z. B. Ehebruch, böswilliges Verlassen oder auch Impotenz des Ehemannes. Einer Festschreibung solcher Fälle hat er aber widerstanden. Vielleicht rechnete er auch mit der Weisheit und Hilfe des Heiligen Geistes, wenn guter Rat in einer akuten Situation nötig war. So liberal er sich manchmal über die Ehe auch geäußert hat, er blieb doch ein Kind seiner Zeit und sagte bei einer anderen Gelegenheit, *„dass Christen durch ihre Scheidung aufhören, Christen zu sein, und dass sie zu Heiden werden, die sich im Zustand der Verdammung befinden"*.[16]

Einerseits bekannte Luther sich zu *seiner* „angeborenen Schwachheit" und seinem jämmerlichem Zukurzkommen, die es ihm unmöglich machten, die Gebote Gottes zu halten. Er wollte sich deshalb lieber dem Herrn Jesus an den Hals oder an den Fuß hängen anstatt, wie Judas, zu verzweifeln und sich aufzuhängen. Andererseits ließ er für Christen, die in ihrer Ehe scheitern, kein „Straucheln" oder „Zukurzkommen" gelten, sondern erklärte sie kurzerhand zu Nichtchristen, die sich im Zustand der Verdammung befänden. Luther ist auch für viele andere Widersprüche in seinen Aussagen bekannt.

Der pauschal verstandene Protestantismus hat sich seit der Aufklärung stets mit dessen vielfältigen Erkenntnissen der *Vernunft* anzufreunden versucht, jedoch nur in wissenschaftlich-sachlicher Hinsicht. Die verbindliche Messlatte für die Ethik ist immer die *Bibel* geblieben. Als nach der Einführung der standesamtlichen Eheschließung (1875) Ehescheidungen sogar bei Pfarrern vorgekommen sind, haben evangelische Kirchen dagegen Stellung bezogen. Noch während des Zweiten Weltkriegs hieß es in offiziellen Verlautbarungen evangelischer Kirchen, von einem geschiedenen Pfarrer werde verlangt, dass er auf sein Amt verzichtet, damit die Glaubwürdigkeit der Verkündigung nicht verloren gehe.

Der heutige Protestantismus stellt sich in der „Evangelischen Kirche Deutschlands" (EKD) erfreulich überschaubar dar (wenn auch nicht zu *einer* Kirche vereint). In den vielen Diskussionen und Stellungnahmen zur Frage der Scheidung und Wiederverheiratung gibt es bisher keine einem katholischen Bischofswort vergleichbare repräsentative Stellungnahme, aber bemerkenswerte Äußerungen von evangelischen Bischöfen, die als typisch evangelische Stimmen gelten. In der Frage von Ehescheidung und zweiter Ehe werden auch von ihnen biblische Eckwerte gesetzt. Die Synode der EKD hingegen hat in den letzten zwanzig Jahren bei wichtigen Beschlüssen nicht die Bibel selbst befragt, sondern aufgrund von Mehrheitsmeinungen ihrer Mitglieder entschieden, was in den Gemeinden gelten soll. Das wird von ihren evangelikalen Flügeln nicht akzeptiert.

Demnach lassen die evangelischen (lutherischen und reformierten) Kirchen heute gelten, dass Ehe als Gemeinschaft zweier vom Sündenfall gleichermaßen betroffenen Partner scheitern kann. Die Schuldfrage tritt in den protestantischen Kirchen – wie in der staatlichen Rechtsprechung – hinter die des „Zerrüttungsprinzips" zurück. Wenn zwei Eheleute durchaus nicht beisammen bleiben wollen oder können, wird ihre Scheidung und spätere Wiederverheiratung mit keinerlei „Kirchenstrafe" geahndet. Das entspricht der guten reformatorischen Tradition, die bis auf Luther und Calvin (eingeschränkt) zurückgeführt werden kann. Ihr zufolge muss jeder Christ bei einem Konflikt in Glaubensdingen am Ende immer selbst entscheiden, was er mit seinem eigenen Gewissen vor Gott verantworten kann. Das ist ein erfreulicher Aspekt der geistlichen Mündigkeit von Christen, kann aber von Synodalen für ihre nichtbiblischen Positionen missbraucht werden.

In der EKD sind in den letzten 25 Jahren auf dem Gebiet der Ehe-Ethik allerdings eher liberalistische Stellungnahmen erfolgt und in aller Form auch praktiziert worden. Das muss nicht bedeuten, dass die evangelischen Bischöfe im 21. Jahrhundert die Ehescheidung und alle damit verbundenen ethischen Aufweichungen gutheißen. Denn trotz der Öffnung für eine seelsorgerlich differenzierte Beurteilung wird Ehescheidung auch in evangelischen Landeskirchen immer noch als „sehr schwerwiegendes" Problem angesehen, das man aber nicht durch *Kirchenstrafen* zu lösen versucht.

Die einzelnen evangelischen Kirchen (also nicht die EKD) haben bestimmte Stellen für Familien- und Lebensplanung eingerichtet, die sich natürlich auch mit den Fragen „Ehescheidung und zweite Ehe" befassen. Im Unterschied zur katholischen Lehre von der strikten Unauflöslichkeit der Ehe ist für die evangelischen Kirchen charakteristisch, dass sie die Ehescheidung als einen Notbehelf verstehen, sozusagen als einen Ausweg, wenn eine Ehe innerlich erloschen ist. Sie sieht in einer zweiten Ehe die Chance für eine reifere und besonnenere Zweisamkeit, die ein besseres

Fundament für Dauerhaftigkeit darstellt. Menschen, die in ihrer ersten Ehe gescheitert sind, erweisen sich in ihrer zweiten Ehe meistens als umso ernstere Christen und entfalten ihr charakterliches Profil im Sinne einer treuen Nachfolge Jesu.

Abschließend lässt sich sagen: Man weiß auch in den evangelischen Landeskirchen, dass jede Scheidung ihren eigenen tragischen Hintergrund hat und dass es deshalb auch einmal angezeigt sein kann, einen geschiedenen Pastor zu tolerieren. Das Scheitern noch so vieler Ehen ändert aber nichts an der grundsätzlichen evangelischen Überzeugung, dass die Ehe ein von Gott gewollter und wenn irgend möglich zu schützender und zu bewahrender Stand ist. Wenn jemand ihn nicht „durchhält", wird das Strafen – und das erneute Segnen! – Gott überlassen.

Die evangelischen Freikirchen

Freikirchen sind, geschichtlich betrachtet, immer als eine Art „Protestkirchen" gegen den orthodoxen oder aufklärerischen Protestantismus entstanden. Sie tun sich schwer mit festgeschriebenen Texten und Stellungnahmen formaler Art, verzichten auch auf festgeschriebene Dogmen, weil sie nicht „verkirchlichen" wollen. Sie beschränken sich gewöhnlich auf ein „Minimalbekenntnis", mit dem sie glauben, ihr *Proprium* (das ihnen Eigene) deutlich zum Ausdruck bringen zu können. Gut ist, dass Freikirchen nicht behaupten, die einzige oder gar „einmalige und wahre" Kirche Jesu Christi zu sein. Sie haben kein übergeordnetes Lehramt, erhalten aber von glaubwürdigen christlichen Persönlichkeiten Unterweisung über biblische Wahrheiten, die den großen Volkskirchen auf ihrem Weg durch die Jahrhunderte abhanden gekommen zu sein scheinen.

Sie alle haben es natürlich auch mit Mitgliedern zu tun, die in ihrer Ehe gescheitert sind. Offizielle Stellungnahmen dazu im Sinne eines Bischofswortes liegen allerdings von freikirchlicher Seite nicht vor. Aber es gibt Stellungnahmen einzelner freikirchlicher Theologen zu diesem Fragenkomplex, die sich nicht nur an die jeweils eigene Gemeinde wenden, sondern eher für einen überkonfessionellen Dialog geeignet sind. Im Unterschied zu den evangelischen Landeskirchen spielt in manchen Freikirchen die sogenannte „Gemeindezucht“ noch eine bedeutende Rolle. Dieser lutherische Ausdruck bezieht sich auf die Ernsthaftigkeit des Glaubensgehorsams und der Nachfolge Jesu, die auch in der Praxis der evangelischen Freikirchen nicht immer ohne menschliches Versagen geschehen. Das Verständnis der von Ehescheidung und zweiter Ehe handelnden Texte führt in manchen (!) dieser freikirchlichen Kreise zu einer rigorosen Ethik, durch welche das Evangelium verdeckt und von einer falschen Gesetzlichkeit überlagert sein kann.

Der Apostel Paulus schreibt beispielsweise im Zusammenhang mit der Bewerbung um ein Bischofsamt, dass ein Gemeindeleiter „nur einmal verheiratet sein soll“. Das verstehen manche Freikirchen so, dass ein solcher Amtsträger zwar *geschieden* sein kann, aber dann nicht mehr heiraten darf. In den ältesten Kirchen – das sind die orthodoxen – gilt heute noch die Regel, dass ein *verwitweter* Geistlicher ab dem Bischofsamt nicht noch einmal heiraten sollte. Demzufolge wählt man keinen jungen Priester in ein Bischofsamt, sondern mit Vorliebe einen älteren Pfarrer, dem die Frau gestorben ist.

Es gibt aber auch Freikirchen – bei uns in Deutschland sind es die als Spätaussiedler in unser Land gekommenen „Russlanddeutschen“ –, die diese Bibelstelle ganz anders deuten. Dort kann ein *unverheirateter* Christ weder Presbyter noch Bischof (Ältester oder Pastor) werden, weil man die Anweisung des Paulus ganz anders versteht: „Er soll eines Weibes Mann sein“ wird als eine *Voraussetzung* für die Berufung in ein leitendes kirchliches Amt gefordert. Diese Verschiedenheit bei der Auslegung eines biblischen Textes ist eine besondere konfessionelle Pikanterie: Die katholischen Pfarrer *dürfen nicht* verheiratet sein, und diese freikirchlichen Pastoren *müssen* verheiratet sein. Der Apostel Paulus wird allerdings noch unter einem dritten Aspekt so verstanden, dass er von einem Bischof (Gemeindeleiter) erwartet hat, nicht etwa mit zwei – oder mehreren – Frauen verheiratet zu sein. Das wäre von der mosaischen Tradition her durchaus denkbar gewesen.

In der Regel ist es in den evangelischen Freikirchen so, dass ein geschiedener und in zweiter Ehe lebender Pastor – und auch der Presbyter – meistens von seinem Amt zurücktreten muss und erst nach einer „Bewährungszeit" neu für ein Amt zugelassen wird. Die Gemeindeleitungen erwarten, dass die davon betroffenen Amtsträger sich dieser disziplinarischen Maßnahme beugen. In der Praxis verzichten diese oft schon von sich aus auf ihr Amt und erleichtern damit ihren Vorgesetzten – denen sie auch menschlich und geistlich nahestehen – die schmerzliche Prozedur einer Amtsenthebung oder Absetzung.

Bei den „einfachen" Gemeindegliedern wird im 21. Jahrhundert nicht mehr ein so strenger Maßstab angelegt. Das war noch in der zweiten Hälfte des 20. Jahrhunderts anders, als manche Freikirchen ein geschiedenes Gemeindemitglied fast „automatisch" ausgeschlossen und gewöhnlich für immer abgeschrieben haben. Damals wurde in Artikeln und Predigten zwar nicht auf die *Unauflöslichkeit* der Ehe verwiesen, sondern Worte Jesu wurden als *Verbot* der Scheidung so ausgelegt, wie Martin Luther es getan hat: Wer sich scheiden lässt, ist nicht mehr Christ! Eine Folge solcher ethischer Rigorosität war, dass geschiedene Christen bestenfalls in eine andere Freikirche oder in eine der EKD-Kirchen wechselten, die mit geschiedenen Christen barmherziger umzugehen verstanden haben.

Theologische Auseinandersetzungen über die hier behandelte Frage verlaufen in den evangelischen Freikirchen ähnlich kontrovers wie die auf der katholischen gemeinsamen Synode der Bistümer vom Mai 1975, wo zwei mögliche Deutungen des Jesus-Wortes über die Ehescheidung diskutiert wurden. In den gebräuchlichen kirchlichen Lexika und Ethik-Büchern kommen freikirchliche Autoren zu diesem Themenbereich (wie zu fast allen anderen kirchlichen Lehren) leider kaum einmal zu Wort. Lediglich in der sogenannten „evangelikalen“ Literatur können sich auch freikirchliche Theologen zu diesem Thema äußern.

Typisch für die besonders in ihren Anfangszeiten strenge freikirchliche Ehe-Ethik ist der folgende Beitrag von Professor *H. W. J. Thiersch* (1817–1885, Katholisch-Apostolische Kirche, ein „Irvingianer“). Er sagte zur Frage der Ehescheidung einmal: *„Ist die Ehe unauflöslich und ist der Gatte an den Gatten bis zum Tode gebunden, dann ist eine unglückliche Ehe ein unbeschreiblich großes Unglück.“* Dann fährt Thiersch allerdings fort: *„Ja, so ist es, und so soll es sein. Man sage nicht, eine solche Strafe für den jugendlichen Leichtsinn, der einen bei der Wahl geleitet hat, sei zu hart. Dieser Leichtsinn soll die allerhöchste* (sic!) *Strafe leiden, weil es das ernsteste und heiligste von allen menschlichen Verhältnissen zur Sache des Spiels, des Vorwitzes und der bösen Lust gemacht hat.“*[17]

Thiersch hat durchaus auch die seelsorgerlichen Probleme gesehen, sie aber auf eine ähnlich radikale Weise zu lösen versucht, wie etwa die römisch-katholische Kirche es immer noch tut. *„Muss ein wirklich Schuldloser die Last einer unglücklichen Ehe tragen, so ist Hoffnung mitten in den Leiden, und diese selbst sind für den Gottergebenen die allerheilsamste Schule der Läuterung und Tugendübung, die für das Erdenglück verlorenen Jahre werden ihm Gewinn für die Ewigkeit.“*[18]

Glücklicherweise ist Thiersch nicht repräsentativ für das, was man die heutige freikirchliche Ehe-Ethik nennen könnte. Die schon „klassischen“ evangelischen Freikirchen, z. B. die Mennoniten, die Methodisten und die Baptisten, haben hinsichtlich ihres seelsorgerlichen Auftrages eine vom Evangelium her verstandene seelsorgerliche Tradition entwickelt. An einem Beispiel von Menno Simons (1496–1561) lässt sich das hohe christliche Ethos im Umgang mit der Schuld des Nächsten am deutlichsten ablesen. Die frühen Täufergemeinden legten sogar schon im 16. Jahrhundert die Grenzen der öffentlichen Kirchenzucht fest, was leider kaum bekannt, aber höchst bemerkenswert ist.

Menno Simons schreibt: „*Sollte es sich aber zutragen, dass irgendjemand heimlich wider Gott sündigte, ... und sollte der Geist der Gnade in seinem Herzen wirken und es mit aufrichtiger Buße erfüllen, so haben wir darüber nicht zu urteilen, denn es liegt zwischen ihm und Gott. Und weil es offenbar ist, dass wir unsere Gerechtigkeit und Seligkeit, die Vergebung unserer Sünden ... und das ewige Leben nicht in dem Bann* (Ausschluss) *noch durch den Bann suchen und finden, sondern allein in Christi Gerechtigkeit, Fürbitte, Verdienst, Tod und Blut, so ist es überflüssig, dass man ihn durch Beschämung zur Reue bringe. Auch haben wir keinen Befehl Christi, nach welchem wir ihn noch härter strafen oder vor der Gemeinde beschämen dürfen.*“[19]

Menno Simons hat drei Bücher über Kirchenzucht geschrieben. Der Tenor seiner seelsorgerlichen Unterweisung liegt auf der Zurechtbringung im Sinne Jesu nach Matthäus 18,15–17. Er schrieb ferner (1541): „*Seht zu, dass, wenn ihr euren Bruder sündigen seht, ihr nicht an ihm vorbeigeht ..., sondern wenn sein Fall heilbar ist, so richtet ihn von Stund an wieder auf durch liebreiches Ermahnen und brüderliches Unterrichten, ehe ihr euch zum Essen, Trinken, Schlafen oder irgendetwas anderem begebt.*“[20]

Menno mahnte zur Besonnenheit in der Seelsorge: „*Nicht die Schwachen, sondern die verderbten Glieder werden abgeschnitten, damit sie nicht etwa andere verderben ... Es ist mein Begehren, dass der Bann* (Strafmaßnahme) *in einem aufrichtigen, väterlichen Geiste und treuer Liebe gebracht werde, in Übereinstimmung mit der Lehre Christi und seiner Apostel.*“[21]

Bei Menno dominierte der Aspekt der Vergebung. Vielleicht wusste er, dass eine einseitige Betonung der Unauflöslichkeit der Ehe oft das Evangelium so sehr verdunkelt, dass den vom Unglück einer verfehlten Ehe betroffenen Christen kein Ausweg mehr bleibt.

Das ist auch heute nicht anders. Seelsorge ohne das Evangelium macht schuldig gewordene Christen krank. Darauf weisen interessanterweise ausgerechnet „evangelikale" Ärzte und Psychiater hin, denen die relativ hohe Quote von „entschiedenen" Christen in den psychiatrischen Sprechstunden auffällt. Sie plädieren für eine ausgewogene Verkündigung von Gericht und Gnade.[22]

In den letzten Jahren ist es aber auch im freikirchlichen Raum zu neuen Überlegungen der in der Seelsorge engagierten Pastoren gekommen, wie den Christen in zerrütteten Ehen zu helfen wäre. So hat z. B. die (baptistische) „Rufer-Bewegung" Seminare für getrennt lebende und geschiedene Christen angeboten und einen Weg gesucht, wie an den in ihren Gemeinden oft anzutreffenden verletzten Mitgliedern heilendes Handeln wirksam werden kann.

Eine Teilnehmerin schrieb: *„Die Frage nach Gott, und was er wohl zu der Situation sagt, nahm einen besonderen Stellenwert ein. Ich fand es erschreckend, dass fast alle Frauen berichteten, dass ihre Gemeinden sich in dieser Zeit der größten inneren Not mehr oder weniger von ihnen distanziert haben. Tiefe Verunsicherung im Glauben ist häufig das Ergebnis. Und manchmal ist das Ausgeschlossensein nicht nur ein Gefühl, sondern eine Tatsache."*[23]

Pastoren vom Bund Freier evangelischer Gemeinden haben 1992 eine überkonfessionelle „Notgemeinschaft geschiedener Christen e.V." mit der Absicht gegründet, geschiedenen Gemeindegliedern bei ihrer neuen Lebensplanung und Orientierung seelsorgerlich beizustehen. Dies geschieht auf der Grundlage des biblischen Eheverständnisses, jedoch in einer differenzierenden und sorgfältigen Arbeit an solchen Texten, die bis dahin einseitig oder gar falsch interpretiert worden sind. Im Besonderen machen gerade die Worte Jesu, die herkömmlicherweise als „Verbot der Scheidung" ausgelegt wurden, deutlich, dass Jesus kein neuer jüdischer Gesetzeslehrer, … sondern der Heiland der Welt ist …, der die „Ehebrecher der Tat" (Matthäus 19,8) und die „Ehebrecher der Gesinnung" (Matthäus 5,28) gleichermaßen als Sünder entlarvt. Für beide ist er ans Kreuz gegangen.

Der Prozess einer Rückbesinnung auf die urchristliche, apostolische Praxis (denn darum geht es allen evangelischen Freikirchen) wird aber immer noch durch extreme Moralisten erschwert, die falsche, perfektionistische Lehren aus der Vergangenheit unaufgearbeitet mit sich herumschleppen. Viele Mitglieder von Freikirchen wurden über lange Zeit eine gesetzliche Frömmigkeit gelehrt. Doch alle ernst zu nehmenden evangelischen Freikirchen haben mittlerweile ein theologisch und seelsorgerlich verantwortbares Konzept für den Umgang mit ihren geschiedenen und/oder in zweiter Ehe verheirateten Christen entwickelt, das dem Evangelium entspricht.

Auch etliche freikirchliche, psychologisch geschulte Autoren arbeiten unabhängig voneinander und von ihrer eigenen Gemeinde als Lebens- und Eheberater ganz im Sinne der hilfreichen Thesen des alten Menno Simons (vielleicht, ohne diese zu kennen). Ihre Arbeit geschieht in übergemeindlichen oder zwischenkirchlichen Seminaren, die eher einen privaten Charakter haben. Sie lehren, schreiben und handeln so „undogmatisch“, dass ihre Handreichungen über die Konfessionsgrenzen hinweg wirksam werden können. Damit dienen sie nicht nur in prophylaktischer Weise, um krisenhafte Ehen durch Beratung und Ermutigung zu „retten“, sondern auch therapeutisch, wenn Christen, deren Ehe gescheitert ist, Rat und Hilfe suchen. Wichtig ist bei alledem, dass die geschiedenen Christen selbst ihre Beziehung zu Jesus, dem Haupt der Gemeinde, durch Gebet und tätige Liebe erneuern, frisch halten und durch geistliches Wachstum vertiefen.

Die christlichen Sondergemeinschaften

Neben den großen Volkskirchen und den evangelischen Freikirchen gibt es noch eine schier unüberschaubare Zahl von christlichen Sondergemeinschaften. Allein in Deutschland sind es einige Hundert, von denen allerdings nur ein gutes Dutzend auch gesellschaftlich relevant ist. Früher nannte man sie „Sekten“, was jedoch immer einen Beigeschmack von Ketzerei und öffentlicher

Diskriminierung an sich hat. Die Arbeitsgemeinschaft Christlicher Kirchen (ACK) in Deutschland hat schon 1980 beschlossen, den Begriff „Sekte“ nicht mehr zu verwenden.[24]

Gemeint sind solche christlichen Gemeinschaften, die sich aufgrund bestimmter Schriftauslegungen als die eigentlich „einzige und wahre Kirche Jesu“ auf Erden verstehen. Gewöhnlich haben sie ihre Anfänge um die Wende vom 19. zum 20. Jahrhundert und ihre Blütezeit bis zum Ersten Weltkrieg gehabt. Bei aller Verschiedenheit ihrer Gründerpersönlichkeiten, ihrer Lehre sowie auch ihrer jeweiligen Frömmigkeit haben diese Sondergruppen ein gemeinsames Anliegen: Sie wollen mit Entschiedenheit Christen sein. Wie schmal oder noch gerade nicht zu breit dieser „Weg dem Lamme nach“ im Einzelnen beschrieben wird, hängt sehr von den Gründerpersönlichkeiten und den Gläubigen der ersten Generationen ab. Sie haben diese Gemeinschaften ins Leben gerufen und nachhaltig geprägt.

Ihnen allen ist zweitens gemeinsam, dass sie die „reine Lehre“, die „reine Wahrheit“ und die „reine Gemeinde“ zu vertreten glauben. Sie tun sich sehr schwer mit dem Gedanken, dass auch ihre Erkenntnisse nur Stückwerk sein oder dass Christen in anderen Gemeinschaften auch gerettet werden könnten. Es dauert oft lange, bis sie einsehen, dass es außer ihnen noch andere „wahre“ Christen auf Erden gibt. Die Überzeugung, zur einzig wirklichen Gemeinde Jesu zu gehören und aller seiner Verheißungen in diesem und dem zukünftigen Leben teilhaftig zu werden, beflügelt die Anhänger solcher Kreise zu einem Lebenswandel, der auch von anderen Kirchen respektvoll anerkannt wird.

In ihrer Spiritualität orientieren sie sich gewöhnlich nicht nur am Vorbild von Jesus Christus, sondern auch am Vorbild der jeweiligen „Gründerväter“. Typisch für diese Glaubensgemeinschaften ist ferner, dass sie außer der Bibel noch ein anderes „heiliges“ Buch oder sogar mehrere Bücher hochhalten, die ihren Sonderweg als direkt von Gott geboten beschreiben und verteidigen. Ihre Bindung an den vermeintlich gottgewollten eigenen Weg hindert sie aber zugleich, an eine Wirkung des Wortes und des Geistes Gottes jenseits ihrer eigenen Grenzen zu glauben.

Christliche Sondergemeinschaften haben auch hinsichtlich der Ehescheidung und Wiederverheiratung ihrer Mitglieder unterschiedliche Grundsätze. Ihre Ehe-Ethik kann von äußerster Strenge bis zur Duldung von Bigamie bestimmt sein. Bei einigen von ihnen wird die Ehescheidung – und öfter noch eine zweite Ehe geschiedener Mitglieder – nicht erlaubt. Denn der „schmale Weg“, den die erste Generation bei der Gründung ihrer Gemeinschaft beschritten hat, gilt als der beste und darf deshalb auch nicht durch nachträgliche Bibelarbeit oder vergleichende geschichtliche Studien weiterentwickelt werden.

Auch in den Sondergemeinschaften ist die Wiederverheiratung das größere Problem, weil sie die erhoffte und erwünschte Versöhnung mit dem geschiedenen Partner in der Regel für immer ausschließt. Nur unter ganz besonderen Umständen, die seelsorgerlich von Belang sind, wird die Wiederverheiratung geduldet. An expliziter Literatur zum Thema „Wenn Christen in der Ehe scheitern“ ist auf ihrem Büchermarkt bisher nichts zu finden, was für eine der Sondergemeinschaften repräsentativ wäre. Wer es gerne wissen will, sollte sich einmal auf den einschlägigen Webseiten auf die Suche machen.

Leider hängen das Maß und die Art der Strafmaßnahmen oft nur an *einem* Entscheidungsträger. Denn in den meisten Sondergemeinschaften beansprucht der Leiter eine unantastbare Autorität, die er nicht selten als eigene Unfehlbarkeit versteht und rigoros durchsetzt. In dieser Hinsicht verhält sich mancher „Sektenführer“ ähnlich wie mancher Papst. Das hängt mit der Überzeugung zusammen, dass nur die eigene Kirche oder Gemeinschaft die einzige wahre und repräsentative Gemeinde Jesu auf der ganzen Erde wäre.

Echte Seelsorge wird in exklusiven christlichen Kreisen dadurch erschwert, dass die Mitglieder oft miteinander verwandt und verschwägert sind. Keiner will dem anderen wehtun, man weicht aus in die Fürbitte für den Strauchelnden, kittet mühsam die Risse der zerbrochenen Ehe und wartet entweder auf ein Wunder oder auf eine Verzweiflungstat eines der betroffenen Partner. Natürlich gilt für die christlichen Sondergemeinschaften, was für alle kirchlichen Kreise gilt: Seelsorger nach dem Herzen Jesu sind leider überall knapp, auch in solchen familienähnlichen Kreisen.

Kapitel 6

Ehescheidung tut immer weh

Die Überschrift zu diesem Abschnitt könnte von manchen belächelt werden. Es gibt doch im 21. Jahrhundert schon Scharen von geschiedenen Menschen, die eher den Eindruck machen, mit allen Tricks versucht zu haben, aus ihrer Ehe „auszubrechen“. In den USA versenden manche Leute sogar die Nachricht von ihrer Scheidung als Kartengruß mit der Aufschrift „Happily Divorced“, d. h. „Glücklich geschieden“. Von irgendwelchen Gewissensbissen oder gar peinigenden Schmerzen in der Seele ist da anscheinend nichts zu merken.

Die allermeisten Europäer, selbst wenn sie noch nicht aus ihrer Kirche ausgetreten sind, haben nur noch eine lockere Bindung an ein „höheres Wesen“, aber keine Beziehung zu Jesus Christus. Sie sind nur der Bezeichnung nach Christen und haben keine innere Beziehung zu ihrer Kirche. Dass der Begriff „Christ“ aber von Jesus Christus abgeleitet ist, ist vielen gar nicht bewusst. Sie wurden zwar gefirmt oder konfirmiert, sie haben dabei ein Versprechen abgegeben, ihr Leben nach dem Ritus ihrer Kirche zu leben, abgesehen davon aber hat die Kirche für ihr Leben nur eine minimale oder gar keine Bedeutung.

Beim Entschluss, ihre Ehe zu beenden, spielt deshalb der Gedanke, für eine Ehescheidung in erster Linie Gott gegenüber verantwortlich zu sein, bei den meisten „Namenschristen“ keine große Rolle. Wo kein Glaube an Gott im Herzen ist, da gibt es auch keine plagenden Schuldgefühle. Im Unterschied dazu erleiden die mit dem Heiligen Geist beschenkten, wahren Kinder Gottes oft schwerste Glaubensnöte und große seelische Schmerzen, wenn sie merken, dass ihre Ehe verfehlt ist. Je nachdem, wie sie belehrt wurden, können gerade Christen durch ihren Ehekonflikt so leiden, dass sie deswegen ernstlich krank werden. Das geschieht gewöhnlich dann, wenn sie in ihrer Kirche oder Freikirche immer nur hören, dass ihnen eine Ehescheidung verboten ist und dass das von Gott – und von ihrer Kirche – unnachsichtig geahndet wird.

Solche ernst zu nehmenden Christen sind Menschen, die sich im Vertrauen zu Gott in ihrem ganzen Leben als Nachfolger Jesu Christi bekennen. Der Apostel Paulus sagt: *„Gottes Geist gibt Zeugnis unserem Geist, dass wir Gottes Kinder sind“* (Römer 8,16). Johannes sagt es anders, aber nicht weniger klar: *„Wer den Sohn Gottes hat, der hat das* (ewige) *Leben“* (1. Johannes 5,12). Wahre Christen sind in ihrem Herzen „neu geboren“; sie lieben und ehren Gott als ihren himmlischen Vater und wollen sich von seinem Wort und Geist in allen Situationen leiten lassen. Sie wissen: *„Wer sündigt, lehnt sich gegen Gott auf, denn Sünde ist nichts anderes als Auflehnung gegen Gott“* (1. Johannes 3,4–5). Bei einer solchen Einstellung kann eine Ehescheidung wie eine Auflehnung gegen Gottes Wort empfunden oder dargestellt werden.

Aber weil jeder Mensch seine individuelle Lebensgeschichte hat, kann nicht jeder Christ im gleichen Tempo geistlich wachsen oder gar auf einmal so vollkommen sein, wie er es sein sollte und wohl auch sein möchte. Luther hat das bei sich selbst beobachtet und freimütig bekannt. Es gibt eben einen Anfang und einen Fortgang im Glaubensleben, der bei jedem Christen individuell anders verläuft. Das eine Herz ist ein „gutes Land“, auf dem hundert Prozent geistliche Frucht wächst, bei einem anderen reicht es vielleicht nur für dreißig Prozent. Im Blick auf eine gescheiterte Ehe muss jeder selbst vor Gott und Menschen so handeln, dass er damit seine Identität als Christ nicht verliert. Das ist für jeden bekennenden Christen eine große und beständige Aufgabe.

Mancher hat in vielen Jahren in der Nachfolge Jesu die Gnade ergriffen, dass er seine schwierige Ehe ohne unerträgliche Belastung aufrechterhalten kann. Andere können es nicht und werfen sich ihrem Heiland zu Füßen, dass er mit ihnen macht, was er für richtig hält. Von dem inneren Kampf der „zwei Seelen in unserer Brust" hat der Apostel Paulus folgendermaßen geschrieben: *„Wir wissen genau: In uns selbst, so wie wir von Natur aus sind, ist nichts Gutes zu finden. Wir bringen es zwar fertig, das Rechte zu wollen; aber wir sind zu schwach, es zu tun. Wir tun nicht das Gute, das wir gerne tun möchten, sondern das Böse, das wir verabscheuen. Wenn wir aber tun, was wir nicht wollen, dann verfügen wir nicht selbst über uns, sondern die Sünde, die von uns Besitz ergriffen hat"* (Römer 7,18–22).

Paulus hat diesen Kampf zwischen Geist und Fleisch aus anderen Gründen als aus einem eigenen Ehekonflikt heraus selbst auch gekannt. Christen sind Menschen, die sich an Gott und sein Wort gebunden haben. Sie wissen aber auch, dass sie nicht immer alles tun können, was sie gerne tun wollen. Und da stößt mancher Christ, der in seiner Ehe gescheitert ist, an seine Grenzen. Er würde gerne trotz aller empfundenen Mängel in seiner Ehe ausharren, aber er kann es nicht. Vielleicht wäre es ihm durch die Gnade Gottes in einer anderen Lebensphase möglich, aber in seiner konkreten Situation schafft er es nicht. Das Unvermögen, die eigenen guten Vorsätze auszuführen, oder den Verlust aller Hoffnung für eine Erneuerung seiner Ehe erlebt jeder Christ auf seine Art und Weise anders.

Ob eine Ehescheidung dem Herrn Jesus mehr wehtut als z. B. die dreimalige Verleugnung seines Jüngers Petrus, wissen wir nicht. Aber Johannes, der „Lieblingsjünger" Jesu, schrieb an die Christen: *„Wenn wir behaupten, ohne Schuld zu sein, betrügen wir uns selbst und die Wahrheit ist nicht in uns. Wenn wir aber unsere*

Schuld eingestehen, dürfen wir uns darauf verlassen, dass Gott Wort hält: Er wird uns dann unsere Verfehlungen vergeben und unsere Schuld von uns nehmen, die wir auf uns geladen haben" (1. Johannes 1,8–9).

Es ist nicht die einzige Bibelstelle, aber eine der eindeutigsten, die Gottes Kindern die absolute Vergebung ihrer Schuld (jedes Unrechts) zuspricht. Der ganze erste Brief des Johannes thematisiert die Frage der Sünde und der Sündenvergebung so nachdrücklich, dass sich die Christen dadurch trösten können, die das Unrecht einer Ehescheidung begangen – Johannes sagt, „auf sich *aufgeladen*" haben. Typisch für diese heilende Seelsorge des Apostels Johannes ist die Fortsetzung des obigen Textes: „*Meine Kinder, ich schreibe euch dies, damit ihr kein Unrecht tut. Sollte aber jemand schuldig werden, so haben wir einen, der ohne Schuld ist und beim Vater für uns eintritt: Jesus Christus. Weil er sich für uns geopfert hat, kann unsere Schuld, ja sogar die Schuld der ganzen Welt vergeben werden* (1. Johannes 2,1–2). Diese wichtige Wahrheit sollten sich alle zu Herzen nehmen, die immer noch meinen (oder gar lehren), dass die Schuld einer Ehescheidung einem Christen nicht vergeben werden kann.

Christen sind Menschen, die straucheln und fallen können, aber sie dürfen wieder aufstehen und in der Kampfbahn des Glaubens weiterlaufen. Sie sind Kinder Gottes, die sich im Vertrauen auf Gott ganz auf das Opfer Jesu verlassen und darum immer wieder und immer mehr Gnade zu einem neuen Leben geschenkt bekommen. Wenn sie eine Prüfung nicht bestehen, werden sie nicht aus der „Schule" Jesu verbannt. Sie müssen zwar manche Lektion wiederholt lernen, aber Gott führt sie „von Erkenntnis zu Erkenntnis" und gibt immer mehr Gnade, bis sie in der Nachfolge Jesu mit Paulus trotz ihres Versagens sagen können: „*Gottes Geist gibt Zeugnis unserem Geist, dass wir Gottes Kinder sind*" (Römer 8,16).

Die Kernfrage lautet ja in jedem Falle, wie der einzelne Christ die Neuheit seines Wesens erfährt und in welchem Grad sich seine alte Natur mit ihren falschen Anlagen und Bindungen noch bemerkbar machen kann. Die Erneuerung des menschlichen Herzens gleicht in etwa der natürlichen Geburt: Es kommt ein neuer Mensch zur Welt, aber der ist noch kein *fertiger* Mensch. So sind auch die wahren Christen durch den schöpferischen Akt Gottes zu einem neuen Leben gezeugt, aber sie sind dadurch noch keine fertigen oder gar sündlosen Christen. Darum können sie zwar noch immer einmal in eine Sünde fallen oder von einer Sünde überrumpelt werden, aber sie dürfen sich kraft des am Kreuz vergossenen heiligen Blutes Jesu der Vergebung ihrer Sünden trösten. Denn wenn die Sünden der ganzen Welt vergeben werden, dann kann die Sünde einer Scheidung – und auch einer Wiederverheiratung – ganz gewiss auch vergeben werden und bereitet dann keine Schmerzen mehr.

Wie und warum christliche Ehen scheitern können

Christen sind in ihrer geistlichen Kraft und seelischen Belastbarkeit so verschieden, wie ihre Veranlagungen und Lebensumstände verschieden sind. Deshalb kann man als Außenstehender auch nie behaupten, jemand hätte nicht genug geglaubt oder sich nicht genug selbst verleugnet und hätte nur deshalb seine Ehe durch eine Scheidung beendet.

Der Seelsorger muss oft wie ein Arzt konstatieren, dass ein bestimmter Mensch in seiner Ehenot zugrunde geht, wenn er nicht frei werden kann. Ein anderer in vergleichsweise schwierigeren Verhältnissen behält vielleicht noch immer den Kopf oben. Auch hier gilt das Wort, dass jeder Christ seine besondere Gnade und Gabe von Gott hat oder eine ganz besondere Gnade zur Befreiung aus seiner ganz individuellen Not braucht.

In diesem Kapitel soll über solche Menschen gesprochen werden, die ihre Ehe – manchmal nach langen, notvollen Jahren – am Ende doch nicht mehr weiterführen konnten. Manche haben schlicht und einfach den unpassenden Partner geheiratet, andere sind durch die Begegnung mit einem anderen Menschen aufgewühlt worden. Nicht immer geht der Scheidung eine neue Verliebtheit voraus. Doch es passiert öfter, dass eine neue, aber hoffnungslose Liebe eine verfehlte Ehe so unerträglich macht, dass Scheidung der einzige Ausweg ist.

Manchmal verläuft der innere Kampf zwischen Pflicht und Neigung so tragisch, dass sich auch Christen aus Verzweiflung das Leben nehmen. Weil es immer noch Mitchristen gibt, die eine unheilige Lust am Bestrafen geschiedener Christen haben, sollen einige Beispiele zeigen, warum es in manchen Fällen besser ist, wenn Christen sich scheiden lassen.

Diese Beispiele sollen dem Leser deutlich machen, dass in bestimmten Problemfällen nur gelebte Barmherzigkeit die Lösung sein kann. Sie beziehen sich alle auf solche Menschen, die – um mit Luther zu reden – „mit Ernst" Christen sein wollen.

a) Sie wollte eine „heilige" Ehe führen

Nicht immer geht es so ernst und tragisch zu, wenn zwei Menschen in ihrer Ehe nicht mehr zurechtkommen, wie bei einem christlichen Ehepaar, das am übertriebenen Heiligungsstreben der Frau gescheitert ist. Sie war schon ein sogenanntes „spätes Mädchen" und kam über ein christliches Hilfswerk mit einem Strafgefangenen in Briefkontakt. Ob sie dabei nur als Seelsorgehelferin oder insgeheim doch mit der Hoffnung auf eine eventuelle Partnerschaft mit einem noch passenden Mann ans Werk gegangen war, wusste nur sie selber. Jedenfalls entwickelte sich aus dem Briefwechsel eine freundschaftliche Verbindung mit einem ihrem Lebensalter entsprechenden Mann, der wegen eines Vergehens eine mehrjährige Haftstrafe abzusitzen hatte.

Die Frau bekannte ihm gegenüber von Anfang an ihren Glauben, besuchte „ihren" Gefangenen und führte ihn – wie das in bestimmten Kreisen mit einer stolzen Freude ausgesprochen wird – „zum Glauben". Nun sind Bekehrungen im Gefängnis leider nur selten wirklich echt, aber dieser Mann hatte sich tatsächlich von Gott und der als „Werkzeug Gottes“ um ihn werbenden Frau zu einer tiefen Umkehr bringen lassen. Das war jedenfalls auch der Eindruck ihres Pastors, den die nun liebende und hoffende Frau gebeten hatte, den Mann im Gefängnis zu besuchen. Etwa drei Jahre später wurde er entlassen und kam – ein Glück für jeden, dem es so ergeht – in das warme Nest seiner christlichen Wohltäterin. Noch hinter Gittern sitzend, hatte er sich mit ihr verlobt. Nun wurde die Hochzeit gefeiert und er schloss sich der Gemeinde seiner Frau an.

Aber damit begann auch der tragische Konflikt der beiden Eheleute, die nicht nur in ihrer Glaubenserfahrung, sondern in jeder Hinsicht sehr unterschiedlich geartet waren. Der Mann stieß sich zunehmend an der asketischen Lebensweise seiner Frau, die er – vielleicht durch missverstandene Bibelstellen – als die ihm von Gott zugedachte Partnerin geheiratet hatte. Sie weigerte sich z. B., Schuhe mit Absätzen zu tragen, was ihr tatsächlich gut gestanden hätte. Auch kleidete sie sich völlig unscheinbar und beschränkte sich in der Körperpflege auf den bloßen Gebrauch von Wasser.

Wenn er mit ihr in der Stadt an Läden vorbeikam, zeigte er ihr Kleider und Schuhe, die er sich an ihr wünschte. Er verdiente jetzt genug, um ihr und sich diesbezüglich jeden Wunsch zu erfüllen. Aber sie hielt das alles für Verschwendung und ermahnte ihn im Stil einer betulichen Gouvernante zu mehr „Gottesliebe“ und entschiedener „Weltüberwindung“. Es war an sich erstaunlich, mit welcher Geduld der immerhin noch jungbekehrte Christ ihre übergeistlichen Allüren ertrug. Er wollte ja auch so gerne Gott gefallen, aber dass dies nur möglich sein sollte, wenn er seine Frau wie ein ungepflegtes Aschenputtel neben sich her leben ließ, das konnte er nicht verstehen.

So kamen sie zum Seelsorger, der den beiden eine Brücke bauen und jedem zeigen wollte, wie er dem anderen aus Liebe entgegenkommen könne. Als er der Frau sagte, sie solle sich durchaus bemühen, ihrem Mann zu gefallen, ging sie auch auf ihn mit frommen

Worten los. Selbst der Hinweis auf den Rat des Apostels Paulus in 1. Korinther 7,32–35 bewirkte nichts als erhabene Frömmlerei der übergeistlich eingestellten Frau, um deren Ehe sich nun auch der Pastor Sorgen machen musste.[25]

Diese sonst sozial sehr engagierte Frau war – vielleicht aus ihrer falsch verstandenen Frömmigkeit heraus – nicht gewillt oder nicht in der Lage, ihrem normal veranlagten Mann die Ehefrau zu sein, die er sich wünschte und die er gebraucht hätte. Nach einiger Zeit konnte der Mann mit dieser Frau nicht mehr zusammenleben. Er verließ sie, fand aber zum Glück noch andere Christen, die nicht so engmaschig gestrickt waren wie seine Frau, und blieb daher in christlicher Gemeinschaft. Er ließ sich scheiden und wollte (vorläufig?) auch nicht mehr heiraten.

b) Sie wollten beide nur noch Gott dienen

Ähnlich hatte ein anderes Ehepaar seine Berufung missverstanden. Unabhängig voneinander entschieden sie sich in ihrer Jugend zur bewussten Nachfolge Jesu. Sie war evangelisch, er war katholisch. Beide hatten keine Bindung mehr an ihre Kirchen und gingen zu den Gottesdiensten einer evangelischen Freikirche. Dort lernten sie sich näher kennen und heirateten. Der Mann war ein tüchtiger Handwerker, die Frau ging ins Büro. Jede freie Stunde verbrachten sie in ihrer Gemeinde. Sie galten als vorbildlich in ihrer Dienstbereitschaft und Nachfolge, versäumten keinen Gottesdienst und wirkten überall mit, wo Freiwillige gefragt waren: sie im Gitarrenchor, er im Posaunenchor; er in der Straßenmission, sie bei Kranken- und bei Hausbesuchen.

Aber zu Hause klappte es mit den beiden nicht. Zuerst war sie es, die sich seiner Meinung nach zu sehr gehen ließ. Dann machte sie ihm Vorwürfe wegen seiner Lieblosigkeit und Härte. Es waren anfangs nur kleine Verstimmungen, die jedes vernünftige Paar durch offene Gespräche aus der Welt hätte schaffen können. Sie standen zum Beispiel am Sonntagmorgen zu spät auf. Dann gerieten sie schon im Bad und in der engen Wohnung aneinander. Vor lauter Aktivität in der Gemeinde gönnten sie sich nie genügend Nachtruhe. Dann waren sie beide gereizt, saßen sich schmollend am Frühstückstisch gegenüber und fanden bald nicht einmal mehr zu einem gemeinsamen Tischgebet.

In der Gemeinde zeigten sie sich allerdings stets in geistlich bester Verfassung, soweit sie es nicht unmittelbar miteinander zu tun bekamen. Konnten sie aber einer direkten Begegnung vor den anderen Christen nicht ausweichen, dann brach die angestaute Bitterkeit manchmal ungehemmt durch und jedermann in der Gemeinde konnte merken, dass bei den beiden der Haussegen schief hing. Der Konflikt eskalierte nachhaltig, die gegenseitigen Vorwürfe wurden häufiger, ehrenrühriger, beleidigender. Und fast immer gab es die unliebsamen Auftritte kurz vor dem Gang zur Kirche.

Es war schon grotesk, wie sie sich gegenseitig im treuen Dienst für ihren Herrn übertreffen wollten. Und so geschah es fast regelmäßig, dass sie sich zankten, verletzten und so auseinanderredeten, bis auch der gemeinsame Kirchgang unmöglich wurde. Jeder ging in dieselbe Kirche wie der andere, ohne sich nach dem anderen zu richten. In der Gemeinde saßen sie getrennt, beteten aber öffentlich so inbrünstig füreinander, dass es peinlich war. Alles, was sie sich privat nicht mehr sagen wollten, sagten sie sich in ihren öffentlichen Gebeten. Es war ein klassisches frommes Duell vor den Augen und Ohren der ganzen Gemeinde.

An einem Sonntagmorgen gerieten die beiden in der eigenen Wohnung wieder in ihr schon an ein Ritual grenzendes Wortgezänke. Dabei passierte es dem Mann, der inzwischen zum Presbyter gewählt worden war, dass er seine Frau mit der Faust ins Gesicht schlug. Obwohl er sich dafür gleich entschuldigte, trumpfte sie buchstäblich auf, weil sie jetzt „endlich“ der ganzen Gemeinde zeigen konnte, mit was für einem Unhold sie verheiratet war. Rasch zog sie sich an und lief schnurstracks in die Gemeinde. Ein Bluterguss unterm rechten Auge war mittlerweile so dunkel geworden, dass er jedem auffallen musste. Da schaltete sich der Pastor ein, der bis dahin immer gezögert hatte, sich in die angespannte Ehe einzumischen. Er bat sie beide freundlich, an diesem Sonntag doch lieber nicht im Chor mitzusingen, und bot sich den beiden zerstrittenen Eheleuten für ein klärendes Gespräch an.

Aber da war der Pastor an die falsche Adresse geraten. Die Frau wollte sich von ihrem „bösen" Mann doch nicht daran hindern lassen, ihrem Herrn unter allen Umständen zu dienen – auch mit einem blauen Auge, hier und jetzt, im Kirchenchor, vor den Augen der ganzen Gemeinde, die nach ihrer Meinung einen solchen Heuchler zum Presbyter gewählt hatte.

Um es kurz zu machen: Der Mann trat von seinem Amt zurück, zog von der Frau weg und ließ sich später scheiden. Die Frau verließ die Gemeinde, heiratete bald einen anderen Mann und ließ vernehmen, dass sie jetzt glücklich war. Vielleicht hätte das Zerbrechen dieser Ehe vermieden werden können, wenn es in der Gemeinde nicht immer gar so „heilig" zugegangen wäre; wenn die Eheleute sich rechtzeitig auch mal hätten aussprechen können ohne die Sorge, dass das Eingeständnis ihrer Schwierigkeiten in der Ehe sie in ihrer Gemeinde ins Gerede gebracht hätte.

Heute dürfte es kaum noch vorkommen, dass sich eine solche Groteske in einer Gemeinde abspielt. Aber eine ähnlich tragische Situation, wo Eheleute Gott dienen wollen, dabei aber ihre Ehe kaputtgehen lassen, könnte es durchaus noch geben.

c) Ihre Seele ist untergegangen

Sie suchten wegen ihres anhaltenden Eheproblems ihre Zuflucht und Hilfe in der Kirche. Nach anfänglich hoffnungsvoller Seelsorge geriet die Ehe der beiden aber immer wieder in neue Turbulenzen. Der ein wenig selbstgerechte Mann verlangte von seiner Frau die nach seinem Verständnis gebotene Art der Unterordnung, die aber bei seiner Anwendung auf totale Unterdrückung hinauslief. Sie war sensibel und taktvoll, fühlte sich umso empfindlicher bedrückt und entzog sich ihm, wo sie nur irgend konnte. Ihre klösterliche Erziehung in jungen Jahren hatte sie demütig gemacht. Sie wollte auch nie einen Streit mit ihrem Mann und gab ihm um des Friedens willen immer nach.

Je länger dieser traurige Zustand anhielt, desto hoffnungsloser wurde die Situation. Der Mann wurde von leidenschaftlicher Eifersucht gepackt und gestattete seiner Frau keinen noch so natürlichen und selbstverständlichen Spielraum. Nicht einmal zum Gottesdienst ließ er sie alleine gehen. Und da er auch gegen ihren Seelsorger bitter geworden war, weil der ihr nach seiner Meinung nicht ernst genug die Leviten gelesen hatte, gingen sie beide lange Zeit überhaupt nicht mehr in die Kirche.

Bei einer Evangelisation bekehrten sich beide noch einmal mit einem tieferen Verständnis von Sünde und Gnade, freilich jeder mit einer anderen Hoffnung. Die leidgeprüfte Frau hoffte, dass ihr hartherziger Mann jetzt gelassener, gütiger und zärtlicher werden würde. Er aber hoffte, dass sie ihn jetzt so lieben würde, wie er sich das immer schon gewünscht hatte, nämlich anhänglich, willfährig und im Haushalt wie ein ergebenes Dienstmädchen.

Aber die Gnade Gottes, die beiden angeboten war, wirkte weder in der einen noch in der anderen Richtung. Sie gingen zwar regelmäßig in ihre Kirche, gaben sich so „glücklich" wie irgend möglich, führten jedoch auf dem Heimweg jedes Mal unerfreuliche Gespräche. Das endlose Gerangel um die beiden biblischen Ratschläge „Ihr Männer, liebt eure Frauen" und „Ihr Frauen, seid euren Männern untertan" entfremdete die beiden einander so sehr, dass die Frau schließlich nur noch um des Versorgtseins willen die egoistischen Ansprüche ihres fordernden Mannes erfüllte.

Jeder Funke einer auch nur gewährenden Liebe war in ihr erloschen. Doch jedermann mochte sie, weil sie selbstlos und opferbereit war. In ihrer Not vertraute sie sich ihrem Seelsorger an. Aber selbst das erweckte bei ihrem Mann nur Eifersucht und Misstrauen. Was sollte sie tun? Ihre Nerven waren schwach geworden, psychovegetative Krankheitserscheinungen stellten sich ein und ihre heimlichen Tränen waren nicht mehr zu zählen.

Der Seelsorger sah, dass der Konflikt kaum noch zu lösen war. Er verwies auf die Gnade, die jedem Gotteskind in einer solchen Lage ausreichende Kräfte verleiht; auf die Allmacht Gottes, der mit allen Problemen fertig wird, auch mit einer so erloschenen Liebe wie der ihren. Der Pastor setzte sich mit ihrem Arzt in Verbindung, und die beiden arrangierten für sie eine Heilbehandlung in Form einer entspannenden Kur.

Sie fuhr froh und entspannt an einen Kurort. Dort lernte sie – ausgerechnet in einem Gottesdienst – einen seriösen Mann kennen, dessen Gesellschaft ihr überaus wohltat. Im Laufe der Tage kam sie mit ihm öfter zusammen und empfand eine tiefe Zuneigung zu ihm. Er füllte das Vakuum ihrer Seele mit allem aus, was sie in ihrer Ehe – trotz allen guten Willens – nicht finden konnte: Taktgefühl, kultiviertes Verhalten, Zeichen selbstloser Zurückhaltung, Höflichkeit, Großzügigkeit, Aufmerksamkeit – und jene Art von Zuwendung, die sich in kleinen, warmherzigen Gesten ausdrückt. Er suchte ihre Gesellschaft ebenfalls, obwohl er zu Hause eine Frau und eine Familie hatte.

Sie musste schließlich wieder nach Hause abreisen. Er brachte sie zum Zug, drückte ihr ein kleines Souvenir in die Hand und umarmte sie wie eine Schwester; herzlich, freundschaftlich, ehrerbietig. Keine Zweideutigkeit in seinen Augen oder in seinen Worten. Auch er war Christ und hätte sich vorstellen können, dass er mit dieser Frau glücklicher geworden wäre als mit der Mutter seiner Kinder. Trotzdem hielt er seiner Familie die Treue und dachte nicht daran, etwa eine neue oder bessere Ehe anzustreben als die, die er hatte. Ihm war klar, dass er sich aus Glaubensgründen nicht von seiner Frau scheiden lassen würde. Schweren Herzens überließ er die liebenswürdige, aber traurige Frau dem Erbarmen Gottes und ihrem harten Los, von dem sie ihm natürlich manches anvertraut hatte.

Wieder zu Hause bei ihrem Mann, brach sie nach einigen Wochen endgültig zusammen. An eine Scheidung war auch bei ihr aufgrund ihrer katholischen Erziehung im Kloster nicht zu denken. Aber für eine Fortsetzung ihrer Ehe fehlte ihr jetzt auch die letzte Kraft. Sie ging am nächsten Abend unter einem gewöhnlichen Vorwand aus dem Haus und kam nicht mehr zu ihrem Mann zurück. Niemand wusste, wo sie war, und auch die Polizei fand keine Spur von ihr. Das geschah kurz vor Weihnachten.

Als im Frühjahr das Eis des Baggersees nahe der Stadt auftaute, fand man eine Frauenleiche darin. Die arme Frau hatte keinen anderen Ausweg mehr gesehen als den Suizid. Es könnte sein, dass sie ihn betend und bebend vor Gott vollzogen hat, um von aller Aussichtslosigkeit und Verzweiflung ihres Lebens erlöst zu werden. Und sie ist zwar in dem kalten Wasser umgekommen, aber wer sie gekannt hat, konnte sich vorstellen, dass sie sich mit dem allerletzten und allerinnigsten Vertrauen ihrem himmlischen Vater in die Arme geworfen hat. Er hat sie gewiss nicht fallen lassen.

d) In die Ehe hineingeschlittert

Die Tochter war mit 21 Jahren noch arglos wie ein Kind. Ihr eigenes Profil als Frau kannte sie selbst noch nicht, strahlte aber einen ungewöhnlichen Liebreiz aus. Sie gefiel den Männern. Dann heiratete sie einen eher unauffälligen Mann, der fromm, ehrlich, fleißig und gutmütig war. Was wollte sie mehr? Aber als sie in der Ehe reifer geworden war, entfaltete sie ihr eigenes Profil und wuchs als Charakter weit über sich – und über diesen ihren Mann – hinaus. Sie entdeckte es spät und es wurde ihr immer schmerzlicher bewusst, dass sie in ihrem Mann und dem Vater ihrer Kinder keinen ihrem Wesen entsprechenden Partner hatte. Je länger sie mit ihm zusammenlebte, desto einsamer und leerer wurde ihr Leben.

Er merkte es aber nicht. Sein Horizont war von der schlichten Art des unproblematischen Zeitgenossen. Es genügte ihm, dass er seine Familie versorgte und eine tüchtige Frau hatte, die den Haushalt meisterte. Er vermisste nichts, genügte seiner Pflicht als Vater und nahm seine Rechte als Ehemann ganz selbstverständlich wahr. Von seiner Frau erwartete er nicht mehr als den üblichen Umgang bei Tisch und im Bett. Seine Welt war rundherum heil. Ihre Welt aber weitete sich in neue geistliche Perspektiven aus und sie wuchs immer tiefer in das Leben mit Christus hinein. Sie übernahm in der Kirche ehrenamtliche Aufgaben, besuchte Tagungen und empfing Anerkennung und Ehrungen. Dabei ergaben sich neue Beziehungen, und es kam schließlich zu einer Begegnung mit einem Mann, der immer eindeutiger um sie warb und der ihr auch sehr gefiel.

Alles daraus Folgende lief fast in klassischer Weise ab: die Entstehung des inneren Konfliktes, der Versuch, dem Verhängnis auszuweichen, die Einwilligung in die Sünde des Ehebruchs, die Qualen des Gewissens, die Gebete und die Trauer darüber. Dann die Scheidung. Sie wusste schon vorher, dass sie danach in ihrer Gemeinde „lebendig begraben" sein würde, und stellte sich mutig darauf ein. Trotzdem wurde alles noch schwerer und in den Auswirkungen viel schlimmer, als sie es befürchtet hatte. Dass sie ihrem Mann so wehtat, schmerzte sie tief. Aber sie konnte nicht länger bei ihm bleiben, nachdem ihr der andere, der eigentlich entsprechende Partner, begegnet und von Herzen lieb geworden war. Er liebte sie auch und wollte auf sie warten, egal wie lange sie brauchte, bis sie sich zu einer Scheidung durchgerungen haben würde. Sie wusste, dass sie kein „Recht" auf eine Scheidung hatte, aber sie hatte auch keine Kraft, ihre Ehe länger durchzuhalten und so zu tun, als ob in ihrer Ehe alles in Ordnung wäre.

In der Gemeinde fiel die unglückliche Frau durch immer häufigere Abwesenheit auf, sie wurde auch öfter mit dem anderen Mann gesehen und man begann hinter ihrem Rücken über sie zu tuscheln. Dann stellte man sie bald als herzlose Rabenmutter hin und hetzte sogar ihre eigenen Kinder gegen sie auf. Sie fühlte sich in einem inneren Zwiespalt, empfand sich aber keinen Augenblick von Gott getrennt, als sie sich zur Scheidung entschloss und bald an der Seite ihres zweiten Mannes die Erfüllung ihres Lebens fand.

Sie nahm ihre Kinder mit und vereinbarte mit deren Vater, dass er sie jederzeit besuchen konnte. Für die Gemeinde blieb sie jedoch von da an „tot". Dort wartete man auf die „gerechte" Strafe Gottes, die ihr noch bevorstehen würde, denn Gottes Mühlen mahlen ja langsam … Aber der gnädige und barmherzige Gott wird diese Frau und ihren zweiten Mann nicht anders behandelt haben als andere Sünder, die in irgendeiner Weise schuldig geworden sind. Das müssen am Ende auch die strengsten Kritiker zur Kenntnis nehmen.

e) Er wollte ihr nicht wehtun

In der Nacht vor der Hochzeit konnte er nicht schlafen. Er wusste, dass er seine Braut nicht wirklich liebte. Er hatte vor mehreren Jahren eine andere junge Frau liebgewonnen und vergeblich um sie geworben. Sie hatte Nein zu ihm gesagt, und durch diese erste große, aber unglückliche Liebe war er seelisch ermattet. Viel zu überstürzt verlobte er sich dann mit einer Kollegin, die ihn gern mochte und in sehr kurzer Zeit seine Braut wurde. Sie glaubte an Gott, hatte einen guten Beruf, war mütterlich und häuslich. Das sprach alles für die junge Frau, aber ihm fehlte die wahre Liebe für sie.

Der um seinen Rat gefragte Seelsorger meinte, dass die mangelnde Zuneigung sicher noch kommen werde. Die Hauptsache in der Ehe sei der gemeinsame Glaube, die Liebe werde sich dann schon einstellen. So ermutigte der leutselige Glaubensmann den verunsicherten Bräutigam. Dieser wollte es nur zu gerne glauben, dass die Liebe schon noch kommen werde.

Jetzt stand er vor ihr und bat sie um Aufschub der Hochzeit. Er wolle sie später nicht enttäuschen, sagte er. Er sei sehr unsicher, ob er ihr unter den gegebenen Umständen wirklich treu bleiben könne. Er schätzte sie als Kollegin und wegen ihres Glaubens, aber ob er sie auch als Ehefrau lieb gewinnen werde, wisse er nicht. Das gestand er ihr mit ernsten Worten.

Aber es war schon zu spät. Der Termin auf dem Standesamt war bestellt, die kirchliche Trauung festgelegt und ihre Verwandten waren von weit her angereist. Konnte er da noch zurück? Nein, er konnte nicht. Also ging er am nächsten Tag zum Traualtar, hin- und hergerissen von gutem Willen zur Ehe einerseits und beständigen Ängsten vor einem möglichen Versagen in der Ehe andererseits.

Wie so oft, wenn einem der Partner die Liebe für den anderen fehlt, wehrt sich dieser seiner Haut. Die Frau forderte seine Liebe ein, hielt ihm seine Pflicht vor, sie als christlicher Ehemann lieben zu „müssen". Das sei die biblische Ordnung für eine Ehe. Mit diesem Konflikt im Herzen und im Vertrauen darauf, dass es mit ihnen einmal besser werden würde, setzten sie Kinder in die Welt. Ihnen zuliebe wollten sie auf jeden Fall zusammenbleiben. Aber ihre Ehe blieb immer bis zum Äußersten gespannt.

Viele Jahre vergingen so. Dann erwachte in dem Mann die Liebe zu einer anderen Frau, die als seine Kollegin zur Mitwisserin seiner Ehenot geworden war. Auch sie war Christ und vertrat hohe ethische Prinzipien, die ein Abgleiten in eine ehebrecherische Beziehung nicht zuließen. Sie konnte ihm glauben, dass sie tatsächlich sein „Typ" war, und bedauerte es einerseits sehr, dass er nicht mehr ledig war. Andererseits gestattete sie sich selbst nicht den Wunsch, mit ihm als einem verheirateten Mann in intimer Weise zusammenzuleben. Sex war ein Tabu.

Ihre berufliche Tätigkeit und ihr gemeinsames soziales Engagement führten sie aber öfter zusammen, und wenn sie in diesen kurzen gemeinsam verbrachten Zeiten miteinander sprachen, wurde es oft schwer, ihre füreinander erwachten Gefühle zu beherrschen. Aber sie entsagten konsequent dem Wunsch, in eine außereheliche Beziehung abzugleiten. An eine Scheidung dachte er nicht, er wollte lieber sterben als an der Mutter seiner Kinder schuldig werden.

In diesem Stadium entdeckte seine Frau in seiner Tasche ein Foto von „der anderen" und sie dachte natürlich, dass ihr Mann ein Verhältnis mit ihr hätte. Sie war erschüttert, verschwieg ihm aber ihre Entdeckung. Ihr leidliches und leidvolles Nebeneinander ging weiter, bis sie sich einem Seelsorger anvertraute. Sie wird ihm die Sache natürlich aus ihrer Sicht geschildert haben. Dieser Seelsorger sah in den ihm geschilderten Details schon den Beweis für einen Ehebruch und ging daran, den Verdächtigen zu enttarnen.

Er zeigte den Mann bei seiner Kirchenleitung an und nannte unter Verletzung der Schweigepflicht auch den Namen der „verbotenen" Freundin. Damit nahm das Verhängnis für den verheirateten Mann und für seine Freundin seinen Lauf, obwohl sie sich beide um ein gutes Gewissen bemüht hatten. Zur Rede gestellt, schilderte der auf diese Weise „angeklagte" Christ seinem kirchlichen Vorgesetzten seine ganze Ehenot, fand zunächst dessen Verständnis und erhielt den Rat, die problematische Freundschaft mit der anderen Frau zu beenden. Aber das gelang den beiden nicht. So wurde weiter gelebt und weiter gebetet. Und die zwei Liebenden haben sich weiter geliebt und haben weiter gelitten.

Aber bald entstand ein liebloses Gerede über den Mann und schadete seinem guten Ruf mehr, als er ahnte. Als er kurz darauf von seiner Kirchenleitung vor die Entscheidung gestellt wurde, entweder die Freundschaft mit der „Nebenfrau" sofort aufzugeben oder sein geistliches Amt zu verlieren, entschied er sich nach ausführlichen Gesprächen mit der Mutter seiner mittlerweile erwachsenen Kinder für eine Scheidung. Das veranlasste ihn dazu, sofort freiwillig aus dem kirchlichen Dienst auszuscheiden. In diesem Falle geschah die Scheidung immerhin in gutem Einvernehmen zwischen Mann und Frau und mit dem ungeteilten Verständnis ihrer zum Teil schon selbst verheirateten Kinder.

Genug der Beispiele dieser Art. Der Leser mag sich fragen, wo denn die Beschreibung des „tatsächlichen" Ehebruchs bleibt, den es doch bei Christen auch geben kann. Nun, solche Berichte finden sich in der säkularen Sensationspresse reichlich genug. Wenn *Christen* in der Ehe scheitern, geht das niemals ohne die ernstesten Konflikte mit dem eigenen Gewissen ab. Und dieser innere Kampf sollte in einem Plädoyer für Barmherzigkeit nichts „Sensationelles“ enthalten.

Es sollte an dieser Stelle nur an einigen Beispielen gezeigt werden, warum und unter welchen Zwängen sich auch Christen manchmal scheiden lassen und mit dem Erbarmen Gottes eine neue Ehe beginnen können. Hier ist das Wort Jesu zu bedenken, der sagt, „wem viel vergeben ist, der liebt auch viel“ – und der dankt Gott von ganzem Herzen für die Vergebung aller seiner Schuld. Die Erfahrung lehrt, dass Gott das radikale Wort Jesu gegen die Ehescheidung wirklich mit seiner *radikalen* Vergebung um Jesu willen beantwortet, wenn ein schuldig gewordener Christ ihn darum aufrichtig und inständig bittet.

Fassen wir am Ende dieses Kapitels zusammen: Ehebrecher im Sinne des Neuen Testaments sind keine schlechteren Menschen als andere. Ihre Schuld wird Gott gerecht zu gewichten wissen. Es steht geschrieben, dass *Gott* die Ehebrecher richten wird (Hebräer 13,4). Das wird Gott nicht anders tun als im Sinne des Evangeliums, welches *allen* Menschen die Erlassung *aller* ihrer Sünden zusagt, wenn sie den Sohn Gottes im Glauben als ihren Heiland und Retter angenommen haben. Und diese frohe Botschaft gilt selbstverständlich auch den geschiedenen und zum zweiten Mal verheirateten Christen.

Kapitel 7

Christen sind keine Engel

Stellen wir uns einmal vor, ein Christ gerät tatsächlich in die Versuchung, einen Ehebruch zu begehen, und willigt in die Sünde ein – trotz seines alarmierten Gewissens. Was passiert mit ihm? Er wird mit Sicherheit keine Ruhe mehr haben, bis er seinen Fehltritt vor Gott eingesteht und sich seinem gerechten Urteil ausliefert. Ein solcher Christ ist durch seinen Glauben ein „Heiliger“ des Neuen Bundes, der sich aber unheilig verhalten hat. Aber durch seinen Fehltritt verliert er den Status eines Gotteskindes nicht, sondern er wird von seinem himmlischen Vater erzogen und durch die Wirkungen der Gnade wieder zurechtgebracht.

Kommen wir noch einmal auf den legendären König David zurück. Er war mit dem Heiligen Geist nicht nur zum König, sondern auch zum Propheten „gesalbt“ worden. Im Sinne dieses Wortes war David also so etwas wie heute ein Christ, was ja eigentlich auch „Gesalbter“ bedeutet. Er liebte Gott und dichtete auch nach seinem Versagen als Gottesmann die schönsten geistlichen Lieder, die Christen noch heute mit Andacht und Gewinn lesen und singen. Und obwohl wir wissen, dass er einmal zum Ehebrecher und „Schreibtischmörder“ geworden war, genießt er seit 3000 Jahren den Ruf eines vorbildlichen Gottesmannes, von dem auch Christen gerne lernen.

Dieser große und doch so demütige Mann wurde zum Ehebrecher und Anstifter eines Mordes. Als er diese seine doppelte Schuld unter den Teppich kehren wollte, bekam er es so intensiv mit seinem Gewissen zu tun, dass ihm „seine Gebeine verschmachteten", d. h. er wurde an Leib und Seele krank. Gott bewog ihn jedoch zu tiefer Buße und vergab ihm alle seine Schuld. Seine Freude darüber brachte er in mehreren geistlichen Liedern zum Ausdruck. Typisch dafür ist der 32. Psalm, den wohl viele gläubige Juden und Christen schon in tiefster Reue nachgebetet haben:

„Glückselig der Mensch, dem der Herr keine Schuld anrechnet und in dessen Geist keine Falschheit ist! Als ich es verschwieg, verfielen meine Gebeine durch mein Gestöhn den ganzen Tag. Denn deine Hand lag schwer auf mir Tag und Nacht, so dass mein Saft vertrocknete, wie es im Sommer dürr wird. Da bekannte ich dir meine Sünde und verbarg meine Schuld nicht (länger). Ich sprach: ‚Ich will dem Herrn meine Übertretung bekennen.' Da vergabst du mir meine Sündenschuld ... " (Psalm 32,2–5 Schlachter 2000).

Das gilt auch von den Christen, die durch ihre Scheidung schuldig geworden sind und wissen, was das bedeutet. Wenn sie sich aber mit aufrichtigem Herzen dem lebendigen Gott stellen und ihre Sünde bereuen, wird ihnen durch die Vergebung ihrer Schuld Freude und Glaubensstärke wieder neu geschenkt. Auch der geschiedene Christ bleibt in Gottes Augen ein „Heiliger", weil er ein mit dem Heiligen Geist „Gesalbter" ist – eben ein Kind Gottes. Die Phase seiner Buße kann verschieden lange dauern und anders als bei einem anderen Christen verlaufen. Dafür gibt es genug Beispiele aus der Seelsorge. Wie sich Schuld und Vergebung bei einem Christen auswirken können, soll hier an vier Beispielen beschrieben werden:

Beispiel 1: Wenn der schuldig gewordene Christ durch eine einseitig *gesetzliche* Verkündigung sensibilisiert ist, wird er vermutlich zuerst einmal einen Orkan von Schuldgefühlen erleben, die ihm den Blick auf den gekreuzigten Erlöser so verdecken, dass er für sich keine Hoffnung mehr hat. Denn er hat in seiner Gemeinde immer nur gehört, dass es für Ehebruch keine Vergebung gibt. Dann ist dieser Christ, wenn sein Zustand länger andauert, ein Kandidat für den Psychiater oder für den Strick.

Beispiel 2: Wäre der Christ durch eine *einseitige* Gnadentheologie verwöhnt, würde er vermutlich keine großen Gewissensqualen erleiden, müsste diesen Leichtsinn aber mit dem vorübergehenden Verlust der unmittelbaren Gemeinschaft mit Jesus bezahlen. Wenn er aber erkennt, dass er seinen Heiland betrübt hat, und Buße tut, wird ihm der Herr Jesus vergeben. Obwohl die Gnade nichts kostet, gibt es sie von Gott nicht „billig". Gnade ist das freie Geschenk Gottes, aber sie hilft zur Abkehr von der Sünde und zur Heiligung des Lebens. Wer die Gnade dazu missbraucht, seinem sündigen Wesen zu frönen, der bringt sich um ihren Segen. Wenn ein geschiedener Christ erkennt, dass er mehr Gnade braucht, darf er immer darum bitten. Dann wird ihm der Herr wieder mit neuer und größerer Gnade begegnen.

Beispiel 3: Fände der Ehebrecher Gefallen an einer sündigen Verbindung und mauerte sich gegenüber seinen Mitchristen ein, damit ihn keiner „erwischt", so käme sein Gewissen dennoch nicht zur Ruhe. Er bliebe unter einem ständigen Druck, der ihn vermutlich seelisch krank machen würde. Ein solcher Christ wäre ebenfalls gut beraten, einen vertrauenswürdigen Seelsorger aufzusuchen, weil er als tatsächlich wiedergeborener Christ auf die Dauer nicht in einer Sünde verharren kann. Der Geist Gottes ließe es ihm nicht zu. Denn es heißt: „Wer von Gott geboren ist, der sündigt nicht", d. h. der *kann* nicht sündigen, weil der Heilige Geist, der in ihm ist, dagegen eifert (1. Johannes 5,18).

Beispiel 4: Schwierig ist es immer für den Christen, der seine „eheliche Pflicht" noch erfüllen soll, obwohl seine Liebe für den eigenen Partner schon erloschen ist. Das betrifft besonders häufig gläubige Frauen. Sie können sich dem Anspruch ihres Ehemannes nicht entziehen und müssen sich wider Willen hingeben, weil es eben ihre eheliche Pflicht ist. Sittenstrenge Christen meinen in „biblischer“ Rigorosität, solche Frauen müssten sich eben zur Hingabe an den puren Sexualtrieb des Mannes zwingen. Diese Entwürdigung bereitet in vielen Fällen eine große Not. Der einzige Ausweg besteht unter Umständen in der Beendigung einer solchen unglücklichen Ehe.

Fazit: Unsere Vorstellungen ließen sich noch nach vielen anderen Seiten hin erweitern, doch mag es genügen, wenn wir an einigen Beispielen versucht haben zu beschreiben, was im Herzen eines Christen vorgehen kann, der seine Ehe für gescheitert ansieht. Weil er sich schuldig fühlt, wird er hin- und hergeworfen und bittet Gott vielleicht sogar um den eigenen Tod. Am Ende wird er doch wieder dem gnädigen Gott in die Arme flüchten, der ihm mit seinem Erbarmen wieder auf die „Glaubensfüße“ verhilft, ihm also eine neue Chance gibt.

In dieser Hinsicht sind die Heiligen Gottes, d. h. Menschen, die sich ihm anvertraut haben und seine Partner (Mitarbeiter) geworden sind, im Alten und im Neuen Bund ähnlich. Der Unterschied besteht nur darin, dass sie im Alten (mosaischen) Bund den Heiligen Geist noch nicht für immer empfangen haben. Sie wurden durch die Salbung nur punktuell für bestimmte Aufgaben befähigt und von Gott autorisiert, in der Regel als Propheten zu reden und zu wirken.

Im Neuen Bund ist der Heilige Geist „auf alles Fleisch“ ausgegossen, d. h. auf alle Menschen, die glauben; und er kommt in die Gläubigen hinein, um für immer bei ihnen zu bleiben. Jesus hat das mit den folgenden Worten zugesagt: *„Wenn ihr mich liebt, werdet ihr meine Weisungen befolgen. Ich werde den Vater bitten, dass er euch einen Stellvertreter für mich gibt, den Geist der Wahrheit, der für immer bei euch bleibt“* (Johannes 14,15–16).

Es gibt eben keine Patentlösungen für krisenhafte Ehen. Wenn ein Christ entschlossen ist, seine im Grunde genommen verfehlte Ehe um des Gehorsams gegenüber Gott willen aufrechtzuerhalten, dann sollte man ihn stützen und ermutigen, wo immer es geht. Es dürfte die größte Aufgabe für ein menschliches Herz sein, einen solchen Weg zu Ende zu gehen. Es sind so viele, die mit einem „Trauschein ohne Ehe“ ausharren, und man darf solche Christen bedenkenlos an die Belohnungen erinnern, die ihr Herr für sie im Himmel bereithält. Der Opfergang ihres Lebens ist ganz sicher nicht umsonst. Sie beweisen, dass sie mit Gottes Hilfe das harte Joch ihrer erloschenen Ehe tragen können.

Diese Überlegungen ziehen andere nach sich. Könnte man nicht fragen, ob es nicht ein viel schwereres Los als das einer schwierigen Ehe gibt? Ist es beispielsweise für Christen in der Verfolgung nicht viel schwerer als für Christen in einer schwierigen Ehe? Abgesehen davon, dass es sich hier um zwei ganz verschiedene Ebenen des menschlichen Daseins handelt, ist ein solcher Vergleich nicht hilfreich. Denn er zeigt, mit welchen Überlegungen sich mancher Christ in seiner Ehe behelfen muss, wenn er seine Lage sogar mit den Leiden von Märtyrern vergleicht.

Wahrscheinlich könnte mancher Christ in einem Gefängnis oder in einer Wüste heiliger und glücklicher leben als in seiner verfehlten Ehe. Auch Krankheiten und Verfolgungen sind ganz andere Anfechtungen des Glaubens als eine verfehlte Ehe, die jemand bis zu seinem Tode durchsteht. Wenn ein unglücklich verheirateter Christ glauben kann, dass es Gottes Wille für ihn sei, dann wird sein „Martyrium“ auch nicht vergeblich gewesen sein. Denn er tut es allein Gott oder seiner Kirche zuliebe, die das von ihm verlangt.

In der Diskussion wird auch die von individuellen Befindlichkeiten befreite, rein *biologische* Sicht des Verhältnisses zwischen Mann und Frau ins Feld geführt: Es sei doch nicht so wichtig, dass man eine bestimmte Frau (oder einen bestimmten Mann) zum Ehepartner habe. Die Beschaffenheit z. B. des weiblichen Körpers sei doch immer dieselbe, d. h. *jede* Frau sei doch so beschaffen, dass man mit ihr eine sexuelle Beziehung haben kann. Wer sich auf solche gedanklichen Hilfen einstellen kann, erspart sich vielleicht den Kummer einer Ehescheidung. Aber dass jeder x-beliebige Mann mit jeder x-beliebigen Frau eine lebenslange Ehe haben kann und bis zu seinem Tod aushalten muss, ist eine des Menschen unwürdige Vorstellung. Sie gar noch als den Willen Gottes zu interpretieren, ist eine unmenschliche und zutiefst unchristliche Verzerrung des göttlichen Gedankens von der Ehe.

Nehmen wir es doch ernst, dass der menschenfreundliche Gott selbst von Anbeginn seines Handelns mit den gefallenen Menschen die Möglichkeit einer Ehescheidung zugelassen hat! Wenn es sein Wille gewesen wäre, dass Eheleute unter allen Umständen bis zum Tode des einen Teils hätten zusammenbleiben müssen, so hätte er die Scheidung sicher nicht erlaubt. Wäre die Sünde einer Scheidung wirklich so groß, wie das in manchen Kirchen behauptet wird, dann hätte Gott sie ebenso wie Mord und andere Verbrechen unter Strafe gestellt, wie etwa alle Unzuchtsünden. Er hat es aber nicht getan.

Ehescheidung – die schlimmste aller Sünden?

Rund dreißig Sünden des menschlichen Herzens spricht Jesus in der Bergpredigt an. Eine von diesen etwa dreißig ist die Sünde der Scheidung und Wiederheirat. Wenn es sich in der Bergpredigt wirklich um eine „Radikalisierung" des Gesetzes handeln sollte, wie manche behaupten, dann müsste sich diese Radikalisierung auf *alle* Gebote gleichermaßen beziehen. Dann aber müsste *jede* Übertretung auch mit derselben Strafe belegt werden – nicht nur die Schuld einer Scheidung oder einer zweiten Ehe.

Wer daher die Bestrafung von Geschiedenen mit dem „radikaleren" Gebot Jesu rechtfertigen will, muss sich den Vorwurf gefallen lassen, dass er *eine einzige* Sünde für unvergebbar hält – anders als Jesus und die Apostel. Wir sollten verstehen lernen, dass Jesus seinen Zuhörern die *Wurzeln aller Sünden* aufgezeigt hat, nicht nur die der Ehescheidung. Er hat das wohl deshalb getan, weil er bei der Auslotung seines göttlichen Erbarmens dessen radikale Größe verdeutlichen wollte. Sagte er nicht, dass jene am tiefsten lieben, denen am meisten vergeben worden ist? Er hat auch die Ehebrecherin nicht verurteilt, die nach dem Gesetz „ohne Erbarmen auf zweier oder dreier Zeugen Aussagen hin sterben" hätte müssen (Johannes 8,3–11).

Jesus erteilte den Theologen seiner Zeit damit eine Lektion über den Umgang mit sündigenden Menschen: „Wer ohne Sünde ist, der werfe den ersten Stein." Er sagte nicht: „Wer kein Ehebrecher ist ...", sondern: *„Wer ohne Sünde ist, der werfe den ersten Stein auf sie."* Es gereicht dem jüdischen Ältestenrat, der dort zu Gericht saß, zur Ehre, dass alle hohen Herren fortgingen, „überführt von ihrem Gewissen" – und keiner einen Stein auf die durch Ehebruch schuldig gewordene Frau geworfen hat (Johannes 8,1–11).

Stellen wir uns vor, dass Jesus einmal im Straßenanzug als ganz normaler Zeitgenosse in einem christlichen Gottesdienst auftauchen und das liebevolle Vaterherz Gottes wieder so zeigen würde wie damals – etwa durch sein Verhalten dieser Ehebrecherin gegenüber. Würden nicht die Geistlichen mancher Kirchen ihm den Vorwurf machen, dass er damit sein eigenes „radikales" Wort gegen die Scheidung übertreten würde? Sein unaussprechliches, tiefes, ewiges Erbarmen mit den Menschen würde ihn wohl in manchen etablierten Kirchen verdächtig machen. Es könnte gut für uns selber sein, einmal zu überlegen, ob Jesus katholisch oder protestantisch, hochkirchlich oder freikirchlich wäre, wenn er heute bei uns auf der Erde umherginge und predigen und heilen würde.

Jesu Umgang mit allen Arten von Sündern signalisiert doch, dass jeder Mensch zum Gnadenthron Gottes kommen darf – also auch jeder geschiedene und wieder verheiratete Christ. Jeder, der *will*, darf kommen, und Jesus weist keinen ab. Er hat keinen weggeschickt, keinen gerichtet und keinen bestraft, der mit seiner Sündennot zu ihm gekommen ist, wirklich keinen. Wollen wir von ihm lernen?!

Was wir als erlöste Menschen mit den Gnadengaben Gottes in der praktischen Nachfolge anfangen, wird Gott zu seiner Zeit sichten und richten. Bei Christen geht es jenseits des Grabes nicht mehr um die Frage, ob sie gerettet sind oder verloren gehen, sondern darum, ob ihr Lebenswerk im „Feuertest“ Gottes bestehen bleibt oder nicht. Doch selbst ein Christ, der ohne bleibende Frucht vor Gott erscheinen wird, geht nicht verloren. Er bleibt gerettet, auch wenn er keinen Siegeskranz umgehängt bekommen wird. Wie es sich dabei mit geschiedenen Christen verhält, wird sich dann erweisen (1. Korinther 3,9–15).

Der Apostel Paulus hat diese zwei Linien ganz klar unterschieden. Er war nie um sein *Heil* besorgt, wenn er sich selbst kritisch beurteilte (wie im Brief an die Philipper 3,9–14). Er wollte aber in seinem *Dienst* keine Gelegenheit und keine Gnade versäumen, weil er nicht „anderen predigen und selbst ‚verwerflich‘ werden“ wollte. „Verwerflich“ war er als Verfolger der Gemeinde Jesu gewesen. Als Apostel wollte er aber nicht „untüchtig“ sein oder aus dem Wettkampf um den Siegeskranz als ein „Untauglicher“ ausscheiden müssen (1. Korinther 9,26). Wie sollte der Mann, der die Briefe an die Römer und an die Galater geschrieben hat, noch um sein eigenes Heil besorgt gewesen sein?

Nein, Paulus war hundertprozentig gewiss, dass er das geschenkte Heil Gottes nicht mehr verlieren konnte (Römer 8,20–39). Aber er wusste, dass sein ganzes Lebenswerk, alles, was er im Dienst für seinen Herrn getan hat, am „Tage Christi“ durchs Feuer der Wahrheit und Echtheit hindurchgehen muss. Dann erst wird offenbar, was für die Ewigkeit tatsächlich bleibt. Dazu lese man die Texte in 1. Korinther 3,11–15 und 4,1–5.

Nach menschlichen Maßstäben müsste ein Christ, der seine schwierige Ehe tapfer durchgestanden hat, an jenem Tag einen größeren Lohn empfangen als ein anderer Christ, der die Last nicht mehr tragen konnte oder wollte. Aber nur Gott weiß, wer wirklich nicht konnte und wer lediglich nicht wirklich wollte. Auch deshalb ist es gut, wenn wir das Gericht über geschiedene und wiederverheiratete Christen Gott überlassen. Vielleicht würden manche Christen in ihrer verfehlten Ehe auf eine noch schlimmere Weise in ihrem geistlichen Leben gefährdet als durch die Zäsur, die eine Ehescheidung in jeder Biografie bedeutet. Dass Gott den Menschen um Jesu willen *alle* Sünden vergibt, haben wir ja indessen vielfach durch Gottes Wort versichert bekommen.

Ehescheidung und ihre traurigen Folgen

Es gibt bei jeder Ehescheidung immer noch genug traurige Folgen, die der Christ zu gewärtigen hat, auch wenn ihm diese Schuld von Gott vergeben worden ist. Der Ex-Partner bleibt Mutter bzw. Vater der Kinder, die ja beide Eltern lieb haben. Selbst wenn ein anderer Partner in der zweiten Ehe „lebenswichtig" wird, bleibt doch die Liebe zu den Kindern und deren Liebe zu ihren geschiedenen Eltern weiterhin bestehen. Welcher Christ wird sich ohne größte innere Not von seinen Kindern scheiden lassen? Er wird sie lieber bei sich haben wollen und sie so lange in ihr Leben hinein begleiten und versorgen, bis sie auf eigenen Füßen stehen können.

Eine weitere Folge der Scheidung kann der Verlust des Ansehens sein. Er oder sie mögen begabte und qualifizierte Menschen sein, aber sie müssen es hinnehmen, dass sie wegen ihrer Scheidung in ihrem gesellschaftlichen Umfeld als so etwas wie „im Glaubenskampf untauglich erfundene" Christen eingestuft werden. Es fällt vermutlich keinem Christen leicht, das Vertrauen seiner Kirchengemeinde und seines gesellschaftlichen Umfeldes zu enttäuschen, indem er sich zum Scheitern seiner Ehe bekennt. Hat jemand ein kirchliches Amt inne, so kann diese Hürde zu einem Bergmassiv werden, über das er nicht hinauskommen zu können glaubt.

Es geht also immer auch um alle Menschen, die von einer Ehescheidung mitbetroffen sind. Ein Christ, der sich scheiden lässt, muss damit rechnen, dass er auch von seinen besten Freunden nicht verstanden wird und sie ihn fallen lassen könnten. Der Schmerz darüber tut besonders weh, denn die Liebe und Freundschaft zu Geschwistern und Freunden, zu Nachbarn und Kollegen usw. hört ja wegen einer Ehescheidung nicht auf. Es sollte niemand denken, dass ein Christ das alles ignorieren und sich leichtfertig scheiden lassen wird. Man kann auch nicht jedem alles erklären und erst recht nicht von jedem Mitmenschen Verständnis für den eigenen Weg erwarten. Peinlich kann es auf Ämtern und Behörden werden, besonders wenn jemand im öffentlichen Leben steht.

Bei einer Scheidung geht es immer auch um *Geld.* Was die beiden Menschen miteinander erworben haben, wird jetzt geteilt. Es heißt, dass mittlerweile bei den meisten Ehescheidungen allerdings nicht das Vermögen, sondern der *Mangel* verteilt wird. Früher ließen sich eher reiche Leute scheiden, die es sich sogar leisten konnten, ihrem Partner die Scheidung mit hohen Abfindungen zu versüßen. Heutzutage scheiden sich auch „normale" Eheleute schon deshalb häufiger als früher, weil sie in vielen Fällen beide berufstätig und daher finanziell nicht so voneinander abhängig sind wie in früheren Zeiten. Aber was manchen Menschen bei einer Ehescheidung finanziell übrig bleibt, ist gewöhnlich zum Sterben zu viel und zum Leben zu wenig. Ein Christ hat auch diesen Umstand zu bedenken.

Ein für das christliche Gewissen schwerer Brocken kann eine Hilflosigkeit des zurückbleibenden Partners sein, der etwa durch eine schwere Krankheit oder Behinderung pflegebedürftig geworden ist. Das ist vermutlich die schwierigste Hürde, die ein scheidungswilliger Christ mit seinem Herzen und Gewissen zu nehmen haben wird. Wahrscheinlich entscheiden sich gerade verantwortungsbewusste Christen, ihren Partner in einem solchen Zustand *nicht* zu verlassen. In einem solchen Falle passiert es jedoch auch, dass sich ein Betroffener zwar nicht scheiden lässt, sich aber die Freiheit nimmt, *gleichzeitig* mit einem anderen Partner eine „wilde Ehe" einzugehen und nur pro forma in seiner ersten Ehe zu bleiben.

Christen, die sich scheiden lassen, müssen keineswegs als Feinde auseinandergehen. Es gibt zweifellos christliche Ehepaare, die zwar einen Trauschein, aber keine Ehe mehr miteinander haben und gleichzeitig auf jede außereheliche Beziehung verzichten. Solange keine tiefgreifende Störung, etwa eine unüberwindliche körperliche Abneigung oder eine neue Liebe zu einem Dritten hinzukommt, lässt sich das freundschaftliche Miteinander in manchen Fällen auch jahrelang oder bis zum Tode durchhalten. Bei christlichen Paaren kann eine solche Ehe sogar geschwisterliche Züge annehmen, wenn sie nur auch im Glauben bleiben und vor Gott miteinander leben.

Wenn sich aber ein Paar darauf verständigt, seine zur Nicht-Ehe gewordene Verbindung durch eine Scheidung zu beenden, leidet keiner der beiden so nachhaltig, dass der andere deswegen ein schlechtes Gewissen bekommen müsste. Gott kennt die Motive unserer Herzen und weiß, ob es sich bei der Scheidung um eine lieblose Verstoßung handelt oder ob jemand seine Last nicht mehr tragen kann. Ohne Leid geht es zwar bei keiner Scheidung ab, aber es spielen dabei verschiedene Faktoren seelsorgerlicher Art eine wichtige Rolle.

Und da kann eine Scheidung für beide Teile zu einer offenen Tür in eine neue Freiheit werden, die ihnen Gott gnädig gewährt. Die Frage, ob und wie sich Christen überhaupt scheiden lassen können, sollte deshalb nicht mit erhobenem Zeigefinger und tadelndem Unterton gestellt werden. Sie können es vielleicht nur deshalb, weil sie sich vorher gründlich durchgerungen haben, unter allen Umständen im Glauben zu bleiben, egal was sonst in ihrem Leben anders wird.

Die Ebene ihres Glaubens und ihre gegenseitige Achtung als Glieder des Leibes Christi können unter günstigen Umständen so gut wie unversehrt bleiben. Dass sie es nicht vermocht haben, eine Ehe nach Gottes Konzept aufzubauen, bedeutet nicht, dass sie überhaupt keine Art von menschlicher Beziehung zueinander haben können. Kinder, die schon größer oder erwachsen sind, verstehen meistens auch, warum sich ihre Eltern scheiden lassen – und sie behalten sie beide lieb. Wichtig ist, dass alle Betroffenen einander von Herzen vergeben. Dann kann die Gnade und Liebe Gottes alle Wunden heilen und das familiäre Band auf einer neuen soliden Ebene dennoch am Leben erhalten.

Das Thema, wie Gott mit dem Sünder umgeht, kann man nicht abschließen, ohne den Aspekt ins Auge zu fassen, dass es auch den Widersacher des Menschen gibt, der als „Versucher“ (Tester) jedem Christen nachstellt, um ihn in Schuld und Schande zu verstricken. Die Einwirkung des Bösen auf das menschliche Herz ist eine beständige Gefahr für jeden Menschen, für Christen aber im Besonderen. Wer glaubt, dass in der Bibel Gott redet, der glaubt auch, dass es den *Satan* gibt. Die meisten „aufgeklärten“ Menschen reden lieber vom „Bösen in der Welt“. Sie sehen darin nicht eine geistbegabte, aber böse Persönlichkeit, sondern verstehen den Begriff als ein Neutrum. Es gibt für unzählige Menschen nicht *den* Bösen, sondern nur *das* Böse. Aber „er“ ist des Menschen schlimmster Feind. In Goethes „Faust“ steht unter anderem der Satz: „Den Teufel merkt das Völklein nie, und wenn er’s just am Kragen hätte.“

Die Bibel spricht von dem „Widerwirker“ Gottes als von einem gefallenen Engelfürsten namens Luzifer („lichtvoll, leuchtend“). Jesus kannte ihn am besten und hat ihn deshalb auch treffend charakterisiert: Er ist der Lügner und Mörder schlechthin, der Verführer zu Ungehorsam und Irrtum; er ist der „Gott“ dieser Welt, der ein Heer von Dämonen befehligt, die alle Menschen listig von Gott abwenden wollen (Johannes 8,44; 2. Korinther 2,11; Epheser 6,10–18).

Ohne Zweifel haben diese Mächte auch auf das Leben zweier Menschen in ihrer Ehe Einfluss. In vielen Fällen liegt es offen auf der Hand, dass Gläubige durch raffinierte „Untergrundarbeit“ des Teufels ständig und nachhaltig an einem Leben im Frieden gehindert werden. Angeborene oder im Zustand der Gottesferne erworbene negative Eigenschaften entwickeln sich durch Satans Einfluss zu schweren Bindungen, die nur durch vollmächtige Verkündigung und Seelsorge gelöst werden können. Solche Bindungen gibt es natürlich auch auf *sexuellem* Gebiet. Viele Männer und Frauen sind durch Glauben und Gebet davon befreit worden.

Gelegentlich sind sie hinterher in bestimmten Situationen noch gefährdet, haben aber gelernt, die Anfechtung, d. h. den gezielten Angriff des „altbösen Feindes“ abzuwehren.

Dass auch seelische Grausamkeit vom Satan inspiriert ist, dürfte unbestritten sein. Und so kann es durchaus zutreffen, dass die Wurzeln einer späteren Scheidung in einer irgendwie gearteten inneren Verblendung liegen. Hier kann ein begnadeter Seelsorger oft noch verhindern, dass eine Ehe überhaupt zerbricht. Zu behaupten, dass *jede* Ehescheidung ein direktes Werk des Teufels sei, dürfte indessen eine unbesonnene Verallgemeinerung und Übertreibung sein. Die betroffenen christlichen Partner müssten das ja auch selbst am besten wissen, denn die Art und Weise, wie sie ihre Ehenot voreinander austragen, lässt sie bald erkennen, welcher Geist sie treibt.

Ein ziemlich sicheres Indiz für einen tatsächlich vom Satan sexuell gebundenen Menschen dürfte sein, dass er ständig ein sittlich anstößiges, leichtsinniges Verhalten dem anderen Geschlecht gegenüber an den Tag legt. In jedem Fall gilt natürlich nicht nur von Eheproblemen, dass sie durch die List des Satans beeinflusst sein können, sondern alle „Ich-Sünden“ wurzeln letzten Endes in der Schwachheit der menschlichen Natur, die der Satan für seine Zwecke auszunutzen versteht. Dieser Kampfplatz der Christen ist also nicht nur die Ehe, sondern weit mehr die ganze Familie, die christliche Gemeinde und die Gesellschaft insgesamt.

Es könnte durchaus sein, dass in einer Kirche Sünder durch schwere Strafen heilig gemacht werden sollen, statt dass der Macht der Gnade Gottes vertraut wird. Machen wir uns den Gedanken zu eigen, dass geschiedene Christen im geistlichen Kampf wie verwundete Soldaten sind (Epheser 6,12). Der weise Spruch eines unbekannten Autors lautet: „Die einzige Armee, die ihre im Kampf Verwundeten selber tötet, anstatt ihre Wunden zu behandeln, sind die christlichen Kirchen.“ Eine traurige Aussage, aber immer noch allzu bedenkenswert.

Gott vergibt die Schuld und erzieht durch Gnade

Es gibt viele Geschichten in der Bibel, die von der Vergebung und der Zurechtbringung Gottes reden. Nur selten hat Gott einen seiner Diener, der gesündigt hat, wegen irgendeines Versagens für immer verworfen. Doch eine Strafe im Sinne von „jemanden zur Einsicht bringen" wendet Gott immer an, wenn er einen Menschen zur Umkehr bewegen und auf den richtigen Weg bringen will. Durch den Propheten Jeremia lässt er sagen: *„Warum beklagst du dich, dass du so zugerichtet wurdest? Wegen deiner großen Sünden und deiner zahllosen Vergehen musste ich dich bestrafen ... Darum werde ich dich wiederherstellen, sagt der Herr. Ich werde deine Wunden heilen."* Gott will die Wunden, die er in seiner Erziehung jemand zugefügt hat, wieder heilen (Jeremia 30,18–20).

Dieses freundliche Hoffnungslicht des Evangeliums wird Christen, die durch eine Ehescheidung schuldig geworden sind, leider nicht immer zugestanden. In einigen kirchlichen Kreisen drängen Theologen und Laien schon deshalb auf eine Bestrafung Geschiedener, damit ihr Beispiel nicht Schule macht. Gott lässt sich aber offensichtlich nicht von solchen Bedenken leiten, sondern er vergibt und straft auf seine Weise so, dass dem Gläubigen dadurch eine neue Chance zur Fortsetzung in der Nachfolge Jesu gegeben wird. Denn alles, was Gott bis dahin in einen Menschen an göttlicher Gnade und Erneuerung des Charakters „investiert" hat, hat ja kein Verfallsdatum. Alles, was vom Himmel stammt, kann nicht mehr kaputtgehen. Das haben zahlreiche geschiedene und wieder verheiratete Christen so eindrücklich erlebt, dass sie es aller Welt gegenüber bezeugen können und sogar bezeugen müssen.

Dieses Kapitel handelt also von den traurigen Folgen einer Scheidung. Gott lässt zu, dass Menschen und Mächte über einen geschiedenen Christen herfallen dürfen. Er lenkt aber auch diese erzieherischen Maßnahmen so, dass sie dem schuldig gewordenen Kind Gottes zum Besten dienen. Aber Gott vergibt die Schuld einer Scheidung um Jesu willen total und kann eine zweite Ehe so nachhaltig segnen, dass alle Menschen es sehen können.

Kapitel 8

Rund um die Seelsorge

Alle Kirchen und Freikirchen verpflichten ihre Geistlichen bei der Ordination darauf, mit den gebeichteten Verfehlungen ihrer Gläubigen priesterlich umzugehen und das „Beichtgeheimnis" zuverlässig zu wahren. Alles, was ein Christ gebeichtet hat und wofür ihm die Absolution (Lossagung von der Schuld im Namen Jesu Christi) erteilt worden ist, wird im Himmel nicht mehr zur Sprache kommen und darf deshalb auch auf Erden nicht mehr zur Sprache gebracht werden. Dieser priesterliche Dienst wird selbst von den weltlichen Gerichten anerkannt.

Es kommt glücklicherweise sehr selten vor, dass ein kirchlicher Amtsträger diese hohe priesterliche Pflicht verletzt. Aber es passiert doch immer wieder einmal, besonders in sehr familiären freikirchlichen Kreisen, wo jeder jeden kennt, dass eine gebeichtete Schuld hinterher publik wird, weil ein Seelsorger nicht den Mund gehalten hat. Ein solcher Geistlicher macht sich nicht nur nach dem kirchlichen, sondern auch nach dem staatlichen Gesetz strafbar und kann deshalb sein Amt verlieren. Er verletzt das Vertrauen eines Gläubigen, der sich ihm anvertraut hat, und das ist eine besonders krasse Verfehlung vor Gottes Angesicht.

Diesbezüglich sieht es gerade in Freikirchen und ernst meinenden kirchlichen Gemeinschaften manchmal nicht so gut aus. Die familiäre Art ihrer Gemeinschaft, das vertrauliche Du in der

Anrede aller Gemeindeglieder untereinander sowie die häufige verwandtschaftliche Verflechtung zwischen dem Pastor und einem Beichtkind können zu einer Bloßstellung beitragen. Hinzu kommen die dem Menschen eigene Sensationslust und der Drang zu Neugierde und Schadenfreude, wodurch ein liebloses und negatives Reden über einen „Bruder" oder eine „Schwester" begünstigt wird.

Geradezu unannehmbar sträflich kann sich ein Seelsorger verhalten, der sein Wissen um die heimliche Verschuldung eines Gemeindegliedes hinterher als Druckmittel gegen das Beichtkind ausnutzt. Es kann passieren, dass die betreffende Person in der Gemeinde eine kritische Einstellung gegen etwas hat, was der Pastor unbedingt durchsetzen will. Um das Beichtkind zum Schweigen zu bringen, erinnert der Seelsorger es an seine letzte Beichte. Es möge gefälligst bedenken, was es ihm gebeichtet hat, und sich jetzt nicht so hervortun wollen. Eine solche Drohung verstößt eindeutig gegen das Beichtgeheimnis.

Als katastrophal muss man die seelsorgerliche Praxis in bestimmten christlichen Sondergemeinschaften bezeichnen, die ganz besonders auf die „Fleischessünden" ihrer Mitglieder plump und menschenverachtend reagieren. So maßen sich dort die Leiter der Versammlungen z. B. das Recht an, junge Paare bei deren Anmeldung zur kirchlichen Trauung über ihr sexuelles Verhältnis zueinander zu befragen. Es ist noch gar nicht so lange her, dass dann in manchen christlichen Kreisen der Braut zur Strafe für die voreheliche Verfehlung das Tragen eines weißen Hochzeitskleides bei der Trauung verboten wurde. Natürlich wusste dann die ganze Gemeinde beim Auftritt des jungen Paares vor dem Altar sogleich, was den beiden passiert war.

Das Sündenbekenntnis eines Christen ist nur echt, wenn es freiwillig und aus tiefem Schmerz über eine begangene Sünde erfolgt. Das Beichtgespräch darf nicht zum Verhör entarten. Der Seelsorger ist kein Kriminalbeamter, der nach den Namen anderer fragen muss, die an einem Delikt beteiligt waren, um auch diese zu verhören und zu bestrafen. Manche krisenhaften Ehen hätten nicht mit einer Scheidung enden müssen, wenn sich die verantwortlichen Geistlichen nach dem Wort Jesu gerichtet hätten und ihr schuldig gewordenes Gemeindeglied in seinem angeschlagenen Glaubensleben gestärkt hätten, anstatt nach anderen Mitschuldigen zu forschen oder jemanden wegen einer Verfehlung der öffentlichen Schande auszusetzen.

Dass auch eine krisenhafte Ehe vor den Augen der Gemeindemitglieder in die Brüche gehen kann, ist eine traurige Tatsache, wie uns die Berichte von gescheiterten Eheleuten gezeigt haben. Sicher haben wir inzwischen erkannt, dass niemand durch allzu hohe und absolute ethische Maßstäbe oder übergroße Strenge an sich selbst verzweifeln muss oder gar in den Freitod getrieben werden darf.

Die Preisgabe der Sünde eines anderen ist immer ein Ausdruck für ungeistliche Neugierde, die nach Details einer Verfehlung fahndet und so lange bohrt, bis auch die letzten Abgründe eines menschlichen Herzens bloßgelegt sind. Die Liebe Jesu macht es genau umgekehrt. Sie deckt die Sünden nicht auf, sondern sie deckt sie durch absolute Verschwiegenheit zu. In einer geistlich fundierten Seelsorge genügt es, wenn eine Sünde klar bei ihrem Namen genannt wird. Nur der neugierige „Seelsorger“ wird Namen und Umstände erfahren wollen, die für ihn doch absolut unwichtig sind und ihn auch gar nichts angehen.

Es gibt auch unter Christen den Rufmord. Er ist umso verwerflicher, je offizieller er begangen wird. Deshalb müssen auch kirchliche Gremien, die über Verfehlungen eines Amtsträgers oder Gemeindegliedes Kenntnis erhalten, sehr sorgfältig damit umgehen. In unserer Gesellschaft gibt es genug Journalisten, die sich gezwungen sehen, ständig nach Sensationen zu gieren (Geistliche und Prominente sind ihre bevorzugten Opfer). Aber auch sie müssten das Beichtgeheimnis respektieren und dürften nicht vorschnell aus den Schwächen und Fehlern eines Menschen eine billige Story machen, um sie teuer zu verkaufen.

Umso erfreulicher ist, dass in Kirchen und Freikirchen die Grundregel aller Seelsorge in der Regel ernst genommen wird, die da lautet: „Wenn aber dein Bruder an dir gesündigt hat, so gehe hin und weise ihn unter vier Augen zurecht …“ (Matthäus 18,15–17). Die Grundregel für christliche Seelsorge ist also das Vier-Augen-Gespräch mit einem Christen, der an einem anderen schuldig geworden ist. Die beiden sollen sich vor dem Angesicht Gottes aussprechen. Das soll in werbender Liebe geschehen, damit den beiden die Gemeinschaft in Jesus Christus wieder geschenkt wird und durch aufrichtige Vergebung erhalten bleiben kann. Die Initiative zu einem solchen „Beichtgespräch“ soll von dem Partner ausgehen, dem der andere eine Sünde oder ein Unrecht angetan hat. Das ist gar nicht so leicht, weil es der Gekränkte ist, der den Anfang der Versöhnung machen soll. So weit geht Jesus mit seinem Rat.

Allerdings ist diese Grundregel keine „Amtshandlung“, deren bloßer Vollzug aus sich selbst eine geistliche Wirkung hat, sondern ein Bruder ringt in Liebe um den anderen, der an ihm schuldig geworden ist. Wenn sich der Schuldige aber sperrt und auf das großmütige Werben des gekränkten oder zu Unrecht angegriffenen Nächsten nicht eingeht, soll dieser vor einem oder zwei vertrauenswürdigen Zeugen weiterhin für die Wahrheit gewonnen werden. Das Ziel einer solchen Seelsorge ist, dass der Schuldige einsichtig wird und seine kränkende Handlungsweise bereut. Diese „Entschuldung“ soll ihm dann aber auch ohne Wenn und Aber gewährt werden.

An eine solche Seelsorge hat Jesus sicher auch gedacht, als er dem Petrus sagte, er müsse einem Schuldigen nicht nur siebenmal, sondern „siebzig mal siebenmal“ vergeben, wenn er ihn darum bittet (Matthäus 18,22). Erst wenn das Werben um eine Zurechtbringung des schuldigen Bruders keinen Erfolg hat, soll seine Sünde vor der ganzen Gemeinde verhandelt werden. Diese Regel setzt voraus, dass es eine geistlich so kompetente Gemeinde überhaupt gibt. Weil das so selten der Fall ist, haben sich die Kirchen (und die meisten Freikirchen) darauf eingestellt, dass Seelsorge in die

Hände des Gemeindehirten gehört, der von Amts wegen für die Abnahme der Beichte zuständig ist. Das kann in der Praxis durchaus sinnvoll und richtig sein. Es hat den Vorteil, dass ein Christ auch solche Sünden ansprechen kann, mit denen er *Gott* gekränkt hat, weshalb er von sich aus das Verlangen hat, seine Sünde in der Gegenwart seines „Gemeindehirten" zu bekennen. Es steht gut um solche christlichen Gemeinden, deren Mitglieder mit jeder inneren Not zu ihrem Pastor (Hirten) kommen können. Der Hirte aber sei sich seiner priesterlichen Verantwortung bewusst und „schweige wie ein Grab" – auch wenn ihm schwere und schwerste Sünden gebeichtet worden sind.

Bezogen auf das Plädoyer für Barmherzigkeit im Umgang mit geschiedenen und wiederverheirateten Christen appelliert auch dieses Buch an die kirchlichen Amtsträger, sich in der Seelsorge nicht gemäß traditionellen Normen und Dogmen, sondern gemäß dem Evangelium zu verhalten. Sie sollten den Mut haben, nicht primär ans Strafen, sondern ans Helfen zu denken. Der Seelsorger sollte sich überzeugen, dass ein geschiedener Christ mit seiner Schuldgeschichte selbst vor Gott gestanden und seine Sünde bereut hat.

Wenn dem Sündigenden die Schuld von Gott vergeben worden ist, sollte das dem Seelsorger wichtiger sein als die Durchsetzung eines kirchlichen Rituals. Wenn schon Gott jeden Menschen persönlich zu sich ruft und irgendwann jeden Lebensweg ganz individuell beurteilen wird, sollte auch jede Kirchenleitung das Gewissen des einzelnen Gläubigen respektieren. So haben es die Apostel auch gehalten und sich gescheut, etwa selber über einen Gläubigen zu urteilen.

Ehescheidung – ein vorsätzliches (mutwilliges) Sündigen?

Es gibt im Neuen Testament ein ernstes Wort Jesu über die „Sünde wider den Heiligen Geist", die von Gott weder auf Erden noch im Himmel vergeben wird (Matthäus 12,31 f.). In diesem

Zusammenhang lässt Jesus sogar anklingen, dass es auch „in der kommenden Welt" noch Vergebung der Sünden gibt, wenn er sagt: *„Wer den heiligen Geist beleidigt, wird niemals Vergebung finden, weder in dieser noch in der kommenden Welt"* (Vers 32b).

Welcher Christ würde nicht bei dem Gedanken erschrecken, dass er mit seiner Ehescheidung (und zweiten Ehe) den Heiligen Geist beleidigt haben könnte? Etwas Schlimmeres als eine Sünde, die – trotz des Sühneopfers Jesu? – niemals vergeben wird, kann es für einen Christen nicht geben. Die Angst mancher Christen, dass sie diese „unvergebbare" Sünde begangen haben könnten, ist bekannt. Sie kann sogar durch Apostelworte noch verstärkt werden.

So heißt es einmal: *„Wir haben die Wahrheit kennen gelernt. Wenn wir jetzt wieder vorsätzlich zu sündigen beginnen, gibt es kein Opfer mehr, um unsere Sünden zu beseitigen. Dann müssen wir ein schreckliches Gericht fürchten ..."* (Hebräer 10,26 f.). Nicht weniger ernst klingt ein anderes Apostelwort: *„Wer sündigt, lehnt sich gegen Gott auf, denn Sünde ist nichts anderes als Auflehnung gegen Gott. Ihr wisst, dass Christus gekommen ist, um die Sünden wegzunehmen. In ihm hat die Sünde keinen Platz. Wer mit ihm verbunden bleibt, der hört auf zu sündigen. Wer aber weiterhin sündigt, hat ihn weder gesehen noch verstanden"* (1. Johannes 3,4–6).

Johannes steigert diesen Aspekt mit der Feststellung: *„Wir wissen, dass ein Kind Gottes nicht sündigt. Der Sohn Gottes schützt es, damit der Satan ihm nicht schaden kann"* (1. Johannes 5,18). Christen, die solche Bibelstellen aus dem Zusammenhang eines ganzen Briefes herausnehmen und punktuell zu einer Lehre machen – wozu besonders jungbekehrte Eiferer und betont gesetzliche Prediger neigen –, bringen sich selbst und andere in größte Nöte. Diese „Methode" hat der Satan sogar bei Jesus anzuwenden versucht, um ihn mit einem Bibelwort (!) zu eigenmächtigem Handeln zu verleiten. Jesus konterte auf der Stelle mit dem Gegenargument: *„Wiederum steht auch geschrieben"*, und wehrte die List des Teufels ab (Matthäus 4,1–11).

Das kann und soll auch ein Christ bedenken und lernen, *alle* Aussagen der Bibel in ihrem gesamten Zusammenhang zu lesen. In unserem Falle betont dieses „Wiederum steht geschrieben“ sehr wirksam der soeben erwähnte Apostel Johannes, der ausdrücklich schreibt: *„Meine Kinder, ich schreibe euch dies alles, damit ihr kein Unrecht tut. Sollte aber jemand schuldig werden, so haben wir einen, der ohne Schuld ist und beim Vater für uns eintritt, Jesus Christus. Weil er sich für uns geopfert hat, kann unsere Schuld, ja* sogar die Schuld der ganzen Welt *vergeben werden“* (1. Johannes 2,1 f.).

Diese überwältigend tröstliche Wahrheit wiederholt Johannes noch öfter in seinem Brief. Es ist also eine falsche Lehre, wenn ein Christ gesagt bekommt, dass er wegen seiner Ehescheidung Angst haben müsste, die Sünde wider den Heiligen Geist begangen zu haben. Das sollte eigentlich sonnenklar sein. Auch der noch so geistlich gesinnte Christ kann durch sein eigenes Herz, durch fremden Einfluss und durch die List des Satans in Sünde und Schuld verstrickt werden. Aber das ist nicht die Sünde wider den Heiligen Geist, die von Gott nicht vergeben wird.

Der Apostel Paulus, dem wohl niemand seine geistliche Kompetenz absprechen wird, beschreibt sich selbst und *alle* Menschen als von Natur aus Gott gegenüber in einer ungewollten Feindschaft befindlich. Er seufzt diese Not buchstäblich aus sich heraus und beschreibt sie mit den Worten: *„Es steht außer Zweifel, dass das Gesetz von Gott kommt. Aber wir sind schwache Menschen, als Sklaven an die Sünde verkauft. Deshalb sind wir in unserem Handeln nicht frei; wir tun nämlich nicht, was wir eigentlich wollen, sondern was wir verabscheuen ... Wir unglückseligen Menschen. Wer rettet uns aus dieser entsetzlichen Verstrickung? Wer entreißt uns dem sicheren Tod? Gott hat es getan. Ihm sei Dank durch Jesus Christus, unseren Herrn“* (Römer 7,14–15.24–25).

Dieser Zustand gilt für alle Menschen als „typisch“; ausnahmslos keiner ist von Natur aus zu einem sündlosen Leben fähig.

Darum kommt uns Gott in allen möglichen Verstrickungen und Verschuldungen mit seiner Gnade zu Hilfe. Denn diese unsere natürliche Neigung zur Sünde steht unter der Vergebung – auch dann, wenn ein Christ *weiß*, dass er sündigt. Aber dieses „wissentliche" Sündigen ist nicht die Sünde gegen den Heiligen Geist; es ist *wissentliches*, aber nicht *vorsätzliches* oder „mutwilliges" Sündigen (wie Luther es übersetzt hat). Der Christ *will* den Willen Gottes tun, aber er *kann* es in einer bestimmten Lage (noch) nicht.

Was unser Herr und Heiland mit der „Sünde wider den Heiligen Geist" gemeint hat, ist etwas ganz anderes. Es war seine Warnung an die Schriftgelehrten seiner Zeit. Diese kannten die Verheißungen Gottes sehr genau, dass ein „Messias" (ein von Gott mit Kraft und Vollmacht gesandter Held und Retter) kommen werde, um der „Schlange den Kopf zu zertreten", d. h. dem Satan die Macht über die Menschen zu nehmen.

Im Neuen Bund braucht bekanntlich kein Bruder den anderen zu lehren, wie er Gott erkennen soll. Gott selbst will seine Kinder „lehren", indem er sich ihnen offenbart (Jeremia 31,34; Johannes 6,45). Es handelt sich also nicht um eine bloße Belehrung über objektive Tatsachen, sondern um ein inneres, das Wesen Gottes erkennendes Lernen, das durch den Heiligen Geist vermittelt wird.

Die jüdischen Zeitgenossen Jesu wussten, dass der Messias („Gesalbte") Gottes kommen und wunderbare Werke der Barmherzigkeit an den Menschen tun werde; dass er die Blinden sehend und die Lahmen gehend machen, Kranke heilen und Tote auferwecken werde. Alles das hat Jesus vor ihren Augen getan und sie wussten tief im Herzen, dass er der verheißene Messias war. Aber weil er ihre heillose fromme Heuchelei kritisiert und ihnen die Wahrheit über ihren verwerflichen Zustand gesagt hat, hassten sie ihn und machten ihn schlecht, wo immer es ihnen möglich war.

Und weil Jesus sich auf seine Sendung berufen und diese durch seine Vollmacht auf Schritt und Tritt von Gott bestätigt bekommen hat, unterstanden sich seine Gegner sogar, ihn der Zusammenarbeit mit dem Gegenspieler Gottes, dem Satan selbst, zu bezichtigen: *„Er kann nur deshalb die bösen Geister austreiben, weil der oberste der bösen Geister ihm die Macht dazu gibt“*, sagten sie (Matthäus 9,34). Jesus zeigte ihnen den Unsinn dieser Verdächtigung und warnte sie vor dieser einzigen unvergebbaren Sünde, weil sie behauptet hatten: *„Er steht mit dem Teufel im Bunde“* (Markus 3,20–30).

Das ist die Sünde (Beleidigung) wider den Heiligen Geist, und diese Sünde wird ein Christ niemals begehen. Wer Angst hat, sie begangen zu haben, der hat es bestimmt nicht getan. Schließlich liebt jeder Christ den Sohn Gottes und würde ihn nie auf die Seite der Finsternis stellen.

Das Selbstgericht geschiedener Christen achten

Wir reden hier von Menschen, die nicht nur durch ihre Taufe im Säuglingsalter Mitglied einer Kirche geworden sind, sondern sich – im Idealfall gestützt auf ihre Taufe – dem Ruf Jesu Christi zur Nachfolge bewusst gestellt haben. Der einfachste biblische Nenner für diesen Vorgang lautet so: „Er (der Logos, den wir in unserer Sprache ‚das Wort‘ nennen) kam in die Welt …, doch sein eigenes Volk wies ihn ab. Manche aber … schenkten ihm ihr Vertrauen. Ihnen gab er das Recht, Gottes Kinder zu werden“ (Johannes 1,10–12).

Wer Jesus glaubt, was er sagt, und sich ihm anvertraut, dem gibt er etwas genuin Himmlisches, was ihn zu einem „neuen“ geistlichen Menschen macht. Das ist die Wiedergeburt im biblischen Sinne, ohne die niemand am Reich Gottes Anteil bekommen kann. Wie ihr Herr und Meister sind Christen mit dem Heiligen Geist gesalbte Menschen. Dadurch bekommt *jeder* Christ – auch der schwächste – Anteil am Geist und Wesen Gottes, sodass er etwas hat, was man an keiner Schule und von keinem Lehrer lernen kann.

Der Apostel Paulus schreibt darüber in 1. Korinther 2 ausführlich und allgemeinverständlich. Alle Apostel, die an die Gemeinden schrieben, sind davon ausgegangen, dass die einfachen Gemeindeglieder ihre Briefe verstehen können. Sie waren direkt an die Gemeinden adressiert. Dort wurden sie vorgelesen, ohne dass immer auch eine Textauslegung (Predigt) damit verbunden war. Johannes anerkennt selbstverständlich: *„Ihr bedürfet nicht, dass euch jemand lehre ..., weil euch die Salbung lehrt ...“* (1. Johannes 2,27).

Die Apostel verzichteten weitgehend auf bestimmte Regeln, nach denen die Heiligung herbeigeführt werden sollte. Sie rechneten aber umso mehr mit der Hilfe des Heiligen Geistes, der das bei jedem einzelnen Gläubigen „besorgen“ werde. *„Ihr seid selbst von Gott gelehrt“,* schreibt Paulus den Thessalonichern (1. Thessalonicher 4,9) und macht deutlich, dass er zwar einen Lehrauftrag von Gott für die Gemeinden hat, diesen aber nur deshalb ausführen kann, weil die Christen von Gott fähig gemacht wurden, die geistlichen Dinge und die göttliche Wahrheit zu verstehen.

Zu dieser „Mündigkeit“ der Christen gehörte von Anfang an auch das Recht auf ein *Selbstgericht.* Das wird einmal ausdrücklich gesagt in Verbindung mit der Teilnahme am Tisch des Herrn: *„Der Mensch prüfe aber sich selbst ...“,* heißt es dort (1. Korinther 11,28). Aber auch in Römer 12,2; 2. Korinther 13,5; Galater 6,4; Epheser 5,10; 1. Thessalonicher 5,21 und 1. Johannes 4,1 werden die Gemeindeglieder aufgefordert, sich selbst, die Lehre, den Glauben und sogar die Geister zu prüfen. Das können sie aber nur deshalb, weil – und wenn – sie den Geist Gottes in sich haben.

Uns interessiert die Frage, ob Christen in schwierigen Ehen nicht auch die Fähigkeit haben, ihre Probleme im Licht des Wortes Gottes selbst zu erkennen. Denn manchmal verhalten sich kirchliche Ratgeber so, als wären die Geschiedenen geistlich verblendet, dass sie nicht mehr richtig „sehen“ können, wohin sie gehen. Wohl kann ein Christ auch in einen solchen Zustand geraten (1. Johannes

5,16), aber Gläubige, die sich scheiden lassen, haben durchaus die Fähigkeit, ihre Lage selbst mit Gott zu besprechen und seine Weisungen aus der Bibel zu verstehen. So kommen sie ganz von alleine darauf, dass sie alles, aber auch wirklich alles versuchen müssen, was zur Rettung ihrer Ehe beitragen kann.

Wir sollten es den von einer Scheidung betroffenen Mitchristen unbedingt zutrauen, dass sie sich auch an die Möglichkeit einer Heilung ihrer Ehe geklammert haben. Sollten sie sich und anderen eine Not nur vortäuschen, so werden sie immerhin wissen, dass sie es mit dem lebendigen Gott zu tun haben. Ehescheidung ist Sünde, das ist keine Frage. Und wie bei jeder Sünde richten sich auch die in ihrer Ehe gescheiterten Christen zuerst selbst, noch ehe ein menschliches Auge sie sündigen sieht oder ein kirchliches Gericht etwas über ihre Sünde weiß oder über sie befinden könnte.

Ein solches Selbstgericht muss nicht zwangsläufig oberflächlich oder schonungsvoll ausfallen. Es wird wohl eher so sein, dass sich der im Sinne der Bergpredigt zum Ehebrecher gewordene Christ selber viel härter straft und ernster richtet, als jedes andere Gericht es tun würde. Das merkt man an den Konsequenzen, die ein solcher Christ zu ziehen bereit ist. Er wird jede nur denkbare Sorgfalt und Fürsorge für die Menschen walten lassen, die von seinem Entschluss am meisten betroffen sind: der verlassene Partner, die unschuldigen Kinder, die Freunde und Verwandten, die Glieder der eigenen Kirchengemeinde.

Ein ehrliches Selbstgericht des Sünders kann bei Weitem über das hinausgehen, was eine Kirchenleitung an Buße und Wiedergutmachung fordert. Der sich selbst richtende Christ hat sein eigenes Gewissen, das ihm wie ein himmlischer Kompass anzeigt, wenn er sich auf einem falschen Kurs befindet. Lassen wir es also gelten, dass jeder Christ vom Geist Gottes den rechten Blick für seine eigene Schuld gezeigt bekommt und dadurch fähig ist, sich selbst zu beurteilen und sich in seiner inneren Not seinem Heiland an den Hals zu werfen. Dann ist er auch kein „Bruder, der unordentlich wandelt" und den man deswegen meiden müsste, sondern er ist ein „Bruder unterm Kreuze Jesu", der aller Gnade und allen Verheißungen Gottes vertrauen darf.

Die Strafe liegt auf Jesus

Es ist viel gewonnen, wenn wir zwischen der von Jesus schonungslos aufgedeckten Sünde und der von Menschen eingeführten schonungslosen Strafe unterscheiden lernen. Jesus und seine Apostel haben niemals eine Strafe für geschiedene oder wiederverheiratete Menschen gefordert oder vollzogen. Ehescheidung und Wiederverheiratung sind Sünden, zu denen jeder Christ „fähig" sein kann. Aber auch für sie hat Jesus am Kreuz gelitten und geblutet. Darum sollte keine Kirche sie noch einmal mit bestimmten Strafen ahnden wollen.

Eine Kernaussage in diesem Buch lautet, dass die Apostel die Scheidung einer Ehe nicht verboten, wohl aber in Übereinstimmung mit der Lehre Jesu davon abgeraten haben. Sie hielten dafür, dass Ehescheidung gegen den ursprünglichen Gotteswillen gerichtet und somit kein bloßes Kavaliersdelikt ist (1. Korinther 7,11). Die letzte Entscheidung überließen sie jedoch den betroffenen Gemeindegliedern selbst, ohne sie mit Strafen umstimmen zu wollen.

Paulus dramatisiert die Scheidung aber nicht durch Drohungen, sondern gibt Ratschläge, die innerhalb eines seelsorgerlichen Spielraumes bleiben. Auf keinen Fall treten Ängste oder ernstere Besorgnis ins Blickfeld seiner apostolischen Anweisungen. Das wäre aber sicher der Fall gewesen, wenn die Ehescheidung schon damals als ein so verwerfliches Versagen angesehen worden wäre, wie das in der späteren kirchlichen Praxis schrittweise eingeführt worden ist.

Nach dem Tod der Apostel breitete sich in der frühen Kirche sehr bald eine nicht auf dem Evangelium basierende Gesetzlichkeit aus. Aus ihr entwickelten sich so unbiblische Gebote wie das der strikten Unauflöslichkeit der Ehe und – fast gleichzeitig

– das des (Pflicht-) Zölibats für die Priester. Für beide kirchliche Lehren gibt es keine biblische Grundlage. Das strenge Verbot der Ehescheidung bzw. einer zweiten Ehe nach der Scheidung hat zu allen Zeiten schwerwiegende seelsorgerliche Probleme geschaffen. Zwar konnte mit der Androhung von Kirchenstrafen ein „Dammbruch“ der ehelichen Stabilität aufgehalten, nie aber das Scheitern so vieler Ehen verhindert werden.

Da in früheren Zeiten im christlichen Abendland eine zweite Ehe kategorisch untersagt war, hatten viele Christen heimlich außereheliche Verhältnisse, die unter der Decke gehalten werden mussten. In den gehobenen Gesellschaftsschichten half man sich mit dem sogenannten Mätressentum, in den unteren Schichten lebte man in illegalen, „wilden“ Ehen. Beides geschah gegen die Lehre der Kirche und bewirkte bei den betroffenen Gemeindegliedern eine Entfremdung von ihr.

Die Kirchen hätten diesem Dilemma entgehen können, wenn sie von ihrem Herrn gelernt hätten, dass kein Mensch durch eine Bestrafung fromm werden kann oder seine Schuld in Raten abbezahlen müsse. Auch nach seiner Auferstehung und Himmelfahrt hat Jesus sich selbst vorbehalten, seine Gläubigen zu „strafen“, d. h. durch seine Gnade zu einem neuen Leben zu erziehen, z. B. in den Sendschreiben der Offenbarung. Soweit wir die Praxis der Apostel aus ihren Briefen ableiten dürfen, haben auch sie niemanden wegen einer Ehescheidung und/oder zweiten Ehe bestraft.

Alle geistliche Ermahnung zielte darauf, die Gnade der Vergebung und einer neuen Chance im Glauben zu ergreifen. Dass die Rückkehr in eine vorher schon erstorbene Ehe als notwendige „Umkehr“ gefordert worden wäre, ist weder im Neuen Testament noch in der frühen Kirchengeschichte überliefert. Man kann das bei den ältesten christlichen (orthodoxen) Kirchen sehr gut nachvollziehen, die den „Tod“ einer Ehe als eine leider mögliche Realität einkalkuliert und dementsprechend eine zweite Ehe bei geschiedenen Christen zugelassen haben.

Eine erzwungene Rückkehr in eine erstorbene Ehe hätte ja auch nichts an dem Verhältnis der beiden unglücklichen Menschen zueinander geändert und nur der Wahrung des äußeren Scheines gedient. Letztlich laufen solche erzwungenen „Versöhnungen", auch wenn sie noch so wünschenswert wären, immer darauf hinaus, dass zwei Christen die übrige Zeit ihres „gemeinsamen" Lebens auf eine Lüge gründen müssten. Das kann nicht Gottes Wille sein.

Kapitel 9

Eine Kultur der Barmherzigkeit schaffen

Zwischen der Urgemeinde und unseren heutigen kirchlichen Verhältnissen besteht ein unübersehbar großer Unterschied. Damals gab es eine von der geschenkten Erlösung her bestimmte Mentalität der Christen, einander ohne Ansehen der Person anzunehmen. Nennen wir diese auf Frieden und Verständigung angelegte Grundhaltung hier einmal eine „Kultur der Barmherzigkeit“.

Jeder neue Christ, der in die Gemeinde Jesu aufgenommen wurde, galt als einer, den der Herr hinzugefügt hatte. Seine ganze Persönlichkeit, seine Vorgeschichte und auch seine mögliche künftige Stellung in der Gemeinde wurden als das ausschließliche Werk Gottes verstanden. Alle Glieder der Gemeinde wussten, dass sie nur aus Gnade gerettet waren. Und dieses Bewusstsein hat sie in großer Solidarität miteinander verbunden.

Die unmittelbaren Wirkungen des Heiligen Geistes schufen in den Gottesdiensten eine Atmosphäre der Liebe und Wärme, aber auch ein Bewusstsein der Anwesenheit Gottes. Solange die Apostel lebten, gab es *nur* solche begnadigten Sünder in den Gemeinden. Die Apostel sagten immer „wir“, wenn sie über Sünden sprachen. Paulus nannte sich sogar den „größten von allen Sündern“. Da kam kein geistlicher Dünkel auf. Nicht einmal die Apostel hielten sich für besser als andere Gemeindeglieder. Das können wir in ihren Briefen nachlesen.

Die Vorstellung, dass es in der Gemeinde ein „Wir“ und ein „Ihr“, eine Unterscheidung zwischen Geistlichen und Laien geben könnte, war in den damaligen Gemeinden unbekannt. Wohl gab es starke und schwache, alte und junge, erfahrene und unerfahrene Christen. Aber sie alle wussten, dass sie *nicht besser* waren als andere. Sie verdankten ihr neues Leben alle miteinander allein dem Erbarmen Gottes.

Nur vereinzelt gab es auch schon zu Lebzeiten der Apostel von manchen Gläubigen ausgelöste Spannungen und Spaltungen in den Gemeinden, die sich aus irgendeinem Grund für besser und frömmer hielten als ihre Mitchristen. Ein Beispiel dafür waren die Judenchristen, die zwar Jesus als ihren Messias anerkannten, sich aber nicht vorstellen konnten, dass jemand ohne das Halten des mosaischen Gesetzes wirklich gerettet werden könnte. So forderten sie die Beschneidung in ähnlicher Weise, wie heutige Sondergemeinschaften bestimmte Forderungen aufstellen, von denen sie die Gültigkeit des Heils abhängig machen.

Diese auf dem jüdischen Denken basierende Gesetzlichkeit wurde aber von den Aposteln und Ältesten der Urgemeinde in Jerusalem nachdrücklich abgelehnt (Apostelgeschichte 15). Es sollte bei der Erkenntnis bleiben, dass die Sünder allein aus Gnade und allein durch den Glauben an Jesus Christus gerettet werden.

Die Christen sollten im Kampf mit der Sünde nicht durch neue Forderungen unter Druck gesetzt, sondern durch die Erziehung der Gnade zu neuen Menschen gemacht werden, die von Jesus lernen (Titus 2,11–15). Dazu gehörte eine ganz individuelle Seelsorge, wie sie Paulus in Ephesus praktizierte, indem er jeden Einzelnen unter Tränen ermahnte und im Glauben stärkte (Apostelgeschichte 20,31). Dass ein Christ außer seiner lebendigen Verbindung zu Jesus Christus noch irgendetwas anderes als Zeichen seiner „Entschiedenheit“ aufweisen müsste, ist ein zutiefst selbstgefälliger Gedanke und wurde von den Aposteln – obwohl sie sämtlich fromme Juden waren – energisch abgelehnt.

Die andere Versuchung, die an die junge Gemeinde herangetragen wurde, entsprang dem griechischen, philosophischen und mythologischen Denken. Nach Meinung derart beeinflusster Splittergruppen sollten sich Christen nicht darauf verlassen, dass sie durch ihre Zugehörigkeit zu Jesus schon alles hätten. Darum warben sie mit scheinbar biblischen Argumenten um die Herzen der Gläubigen, redeten von besonderen Offenbarungen, von Engelserscheinungen und angeblich tieferen Erkenntnissen – alles mit dem Hintergedanken, dass ihre Anhänger dadurch zu „besseren" Christen würden als jene, die „nur" zu Jesus Christus gehört haben.

Die Apostel haben auch diesen Angriff auf das Evangelium entschlossen abgewehrt und umso nachdrücklicher betont, dass die Gemeinde Jesu an ihrem Herrn als Haupt seines Leibes wirklich alles hat, was sie zu ihrer Rettung und Vollendung braucht. Im Festhalten an der Gnade entwickelte sich das, was in diesem Buch mit einer „Kultur der Barmherzigkeit" gemeint ist. Sie wird in den ersten Kapiteln der Apostelgeschichte und auch in den Briefen der Apostel immer wieder thematisiert (Apostelgeschichte 2,42–47; 4,32–35; 5,12–16; Römer 14; 1. Korinther 8,1–13; 1. Johannes 2,10 u. v. a.). Wer sich für stark hielt, wurde vor Selbstgefälligkeit gewarnt, und wer schwach war, wurde ermutigt und in Liebe getragen.

Damals konnte man noch offen von den früheren Sünden reden, aus denen die Christen errettet worden waren (z. B. Galater 5,13–21; 1. Korinther 6,9–11). Jeder in der Gemeinde wusste, dass alle Gemeindeglieder Sünder waren, darum konnten sie auch barmherzig miteinander umgehen. Die „Reinhaltung" der Gemeinde geschah durch eine langmütige, seelsorgerlich orientierte Belehrung. Die Gemeindeglieder wurden an die Heiligkeit Gottes erinnert, aus der sie die Kraft zu einem heiligen Wandel schöpfen sollten (1. Petrus 1,15). Selten wurde ihnen mit den Strafen des mosaischen Gesetzes gedroht. Wenn jemand nicht hören wollte, entzog man ihm zwar vorübergehend die Gemeinschaft, behandelte ihn aber gleichwohl als einen Bruder (2. Thessalonicher 3,14–15).

Im Neuen Testament begegnet uns jedenfalls noch nicht jene aus alttestamentlichen und heidnischen Bestandteilen zusammengesetzte Frömmigkeit, die schon ab dem 2. Jahrhundert die Kirche zu beeinflussen begann. Um die erste Jahrtausendwende konnte sie sich in Ost und West sogar als einzige „rechtgläubige" theologische Praxis durchsetzen. Beim Lesen der Kirchengeschichte kann man erschrecken, wie schnell und nachhaltig das Evangelium der Gnade verdunkelt und von einer neuen Gesetzlichkeit verdrängt worden ist.

So trat in den Kirchen an die Stelle der ursprünglichen, christlichen, barmherzigen Grundhaltung eine fordernde und gesetzliche Frömmigkeit, die das Dilemma der menschlichen Sündhaftigkeit durch immer neue Gebote und Verbote lösen wollte. Sie ist bis heute in den alten Großkirchen fast unverändert geblieben, konnte aber nicht einmal annähernd solche Verhältnisse hervorbringen, wie sie der Urgemeinde geschenkt waren.

Dieser Prozess einer gesetzlichen Verkrustung hat sich in allen Kirchen und zu allen Zeiten fortgesetzt. Deshalb ist es wohl auch bisher keiner Kirche gelungen, die Kultur der Barmherzigkeit, für die wir hier plädieren, zu entwickeln. Denn die könnte nur dort entstehen, wo die Liebe zu Jesus, die Demut vor Gott und das Erbarmen mit den Sündern neu aufbrächen und wieder wichtiger würden als die äußerliche Anpassung an einen kirchlichen Verhaltenskodex.

Eine solche Kultur der Barmherzigkeit ist jedoch nicht nur wegen der in ihrer Ehe gescheiterten Christen angezeigt. Sie fehlt im Umgang mit Sündern und Verirrten in den meisten Kirchen auf allen anderen Gebieten der Seelsorge ebenso.

Im Blick auf die Christen, für die dieses Plädoyer gehalten wird, ist eine Erneuerung der Barmherzigkeit Jesu in den Kirchen von geradezu existenzieller Dringlichkeit. Nichts steht einer solchen „Revolution der Liebe" vom Wort Gottes her im Wege. Sie ist um so dringender von Gott zu erbitten, als wir den von ihren Kirchen entfremdeten Menschen *nicht* näherkommen können, solange sich die Repräsentanten der Kirchen ihren Dogmen mehr verpflichtet fühlen als dem neuen Gebot der Liebe. Wohin sollen Christen mit ihrer Ehenot gehen, wenn sie in ihren Kirchen und Gemeinschaften von vornherein im Gestrüpp unbiblischer frommer Hartherzigkeit hängen bleiben?

Jesus selbst hat uns gesagt, was Gott in uns Menschen erreichen will: *Wir sollen Gott und unseren Nächsten von ganzem Herzen, von ganzer Seele und mit aller Kraft unseres Gemütes lieben* (Matthäus 22,36–40). Dieses „vornehmste", größte Gebot wird in allen neutestamentlichen Schriften als die entscheidende Lehre Jesu, eben als „Evangelium" bezeugt.

Von unserem Herrn Jesus können wir am besten lernen, wie man einen irrenden Christen tragen, überführen oder zurechtbringen soll. Schaffen wir also miteinander – und jeder in seiner Kirche – eine neue Kultur der Barmherzigkeit, an der sich Gott und die Menschen erfreuen können.

Wohlgemerkt, wir sollen nicht die Barmherzigkeit *Gottes* schaffen wollen. Dafür besteht kein Bedarf, denn diese Barmherzigkeit gibt es schon immer. Aber wir sollen eine Barmherzigkeit in unseren eigenen Herzen aufwachsen lassen, damit wir zu denen zählen, die unser Herr Jesus „selig preist": *„Freuen dürfen sich alle, die barmherzig sind; denn Gott wird auch mit ihnen barmherzig sein"* (Matthäus 5,7).

Was geschehen könnte – Denkanstöße

Der Einfluss der Kirchen auf die Gesellschaft ist heute zwar längst nicht mehr so groß wie in vergangenen Zeiten. Dennoch gelten ihre im Laufe von 2000 Jahren entstandenen Lehren für ihre Mitglieder als verbindlich. Aber sie spielen im gelebten Alltag der Menschen selten eine große Rolle. Nur in der Frage von Scheidung und Wiederverheiratung beschäftigen sich heute zunehmend viele christlichen Laien mit den Lehren ihrer Kirchen.

Im Grunde genommen sind sie es, die nicht verstehen können, warum ihre Schuld von ihrer Kirche nicht vergeben werden kann. Sie haben die Erfahrung gemacht, dass zwar Gott sie versteht, aber ihre Kirchenleitungen nicht. Das sogenannte Kirchenvolk ist da schon weiter und hat Gremien geschaffen, die bei aller Solidarität mit ihren Kirchenleitungen an deren dogmatischem Gerüst rütteln. Sie sind für die Abschaffung von kirchlichen Lehren, die nicht auf dem Boden des Neuen Testaments beruhen. Diese Kreise haben immer mehr Einfluss und können diesen angestoßenen Prozess des Umdenkens ihrer Kirche in der Scheidungsfrage weiter beeinflussen und voranbringen.

Dass ein Umdenken in der Frage der Ehescheidung und Wiederverheiratung notwendig ist, wird von den Leitungen fast aller Kirchen in Erwägung gezogen. Natürlich bedarf es langwieriger und sorgfältiger Arbeit von Ausschüssen und Gremien, zu einer derart komplexen und kontroversen Frage ausgewogene Richtlinien auszuarbeiten. Bis solche offiziellen Stellungnahmen und Beschlüsse sich in der Praxis durchgesetzt haben, vergehen dann erfahrungsgemäß weitere Jahrzehnte.

Diese Schwierigkeit ergibt sich nicht nur in den alten Kirchen, deren dogmatische Positionen ohnehin schwer veränderbar sind. Bisher lassen sich lediglich neue *Interpretationen* zur Erleichterung der vom Unglück einer Scheidung betroffenen Christen vernehmen, aber noch keine Entscheidungen herbeiführen. Auch die kleinen Freikirchen und christlichen Gemeinschaften, die kein eigentliches oberstes Lehramt haben, entwickelten erstaunlich schnell eine lehrmäßige Tradition, die das Bewusstsein ihrer Mitglieder nicht weniger prägt als die Dogmen der Volkskirchen deren Mitglieder.

Im Gegenteil. Kleine christliche Gruppen sind gewöhnlich deshalb entstanden und in die Separation abgedrängt worden, weil ihnen ihre angestammten Kirchen zu sehr „verweltlicht“ vorgekommen sind. Sie wollten doch alles besser machen, wollten ernster glauben, heiliger leben, entschlossener gegen die Sünden kämpfen, die von den Leitungen der großen Volkskirchen nach ihrer Meinung zu lasch behandelt wurden.

Deshalb tun sich die Leitungen der „evangelikalen" Kreise in einer Neubewertung ethischer Fragen manchmal genauso schwer wie die Volkskirchen. Leider übernehmen sie in der Regel die von ihren Gründern gesetzten, nicht immer auch theologisch gründlich reflektierten Lehrmeinungen kritiklos, ohne die notwendige Arbeit an den Texten der Bibel fortzusetzen.

Deshalb treten Fragen wie die der Ehescheidung und Wiederverheiratung erst in der dritten Generation oder noch später überhaupt ins Bewusstsein freikirchlicher Gemeindeglieder. Dann aber fehlen verbindliche Lehrsätze und es besteht die Neigung, das Problem zu verdrängen oder einfach abzuwürgen. In vielen dieser Kreise gilt die Regel: Wer sich als Christ scheiden lässt, ist seinem Herrn ungehorsam, sein Verhalten muss deshalb gewissermaßen in höherem Auftrag geahndet werden. Es gibt immer noch christliche Kreise, die ein geschiedenes Mitglied, das wieder heiraten will, aus der Gemeinde ausschließen.

Dieser Ausschluss trifft die Betroffenen meistens so total, dass ihnen die Fortsetzung der kirchlichen Gemeinschaft unmöglich wird. Wir haben gesehen, dass die römisch-katholische Kirche ihre geschiedenen – aber auch die wiederverheirateten – Christen aus ihrer Gemeinschaft nicht ganz ausschließt. Sie haben Zugang zu allen Gottesdiensten und bekommen alle Sakramente angeboten – außer der Teilnahme an der Eucharistie. Geschiedene und wiederverheiratete katholische Christen können also jedes andere Sakrament empfangen und dürfen auch aktiv in der Gemeinde mitarbeiten. Dadurch erhält der mit seiner Schuld ohnehin belastete Christ immerhin noch den Trost der kirchlichen Gemeinschaft.

In lutherischen und reformierten evangelischen Kirchen gab es schon immer eine ethische Faustregel, ab wann sie bei Verfehlungen ihrer Mitglieder mit Sanktionen eingriffen. „Solange ein Pfarrer kein Silberbesteck klaut und nicht im Ehebruch ertappt wird", heißt es scherzhaft, kann er unangefochten im Amt bleiben. Ernstere Konsequenzen als die Versetzung in eine andere Kirchengemeinde gibt es bei protestantischen Pfarrern nur noch, wenn sich einer ausgesprochen unsittlich verhalten hat.

Im Falle einer Ehescheidung und Wiederverheiratung kann der Pfarrer mit der Zustimmung des Kirchengemeinderates sogar in seiner bisherigen Gemeinde im Dienst bleiben. Bei einfachen Gemeindegliedern, die sich scheiden lassen, passiert heutzutage in der Regel in evangelischen Kirchengemeinden gar nichts.

Natürlich wird diese Nachsichtigkeit von manchen „evangelikalen" Kreisen auch als „Aufweichung" von früheren ethischen Maßstäben argwöhnisch kommentiert. Es erübrigt sich fast schon die Bemerkung, dass die gemäßigtere und von seelsorgerlichen Rücksichten geleitete Praxis evangelischer Kirchen den Evangelikalen als „Abfall vom Wort Gottes" vorgeworfen wird. Aber die zunehmende Toleranz gegenüber geschiedenen Pfarrern signalisiert dennoch eine zunehmende Rückbesinnung auf urchristliche Lösungsmodelle, die bei aller sittlichen Strenge letztlich doch vom Evangelium her bestimmt waren. Allen Vorbehaltern zum Trotz können alle Kirchenleitungen etwas dafür tun, dass Christen, die in ihrer Ehe scheitern, nicht länger unangemessen bestraft werden.

Der Umstand, dass Kirchen dafür von ihren treuen Mitgliedern der Aufweichung „biblischer" Grundsätze bezichtigt werden, sollte die verantwortlichen und besser informierten Kirchenleitungen nicht davon abhalten, die neu erkannte und besser verstandene Wahrheit über Ehescheidung und zweite Ehe mit Weisheit zu vertreten. „Neu" ist in diesem Zusammenhang eigentlich nur die Einsicht, dass auch die Sünde der Scheidung und Wiederverheiratung durch das Opfer des Sohnes Gottes – wie alle anderen Sünden – vergeben wird.

Zwölf Thesen zum Nachdenken

Wir haben in diesem Buch eine Reihe von biblischen Aspekten beleuchtet, die uns helfen können, unsere Einstellung zu solchen Christen zu überdenken, die in ihrer Ehe gescheitert sind. Die nachfolgenden Thesen sollen dem Leser die wichtigsten Gedanken und Aspekte über Scheidung und zweite Ehe noch einmal übersichtlich und zusammengefasst vor Augen führen:

1. Wenn Christen in der Ehe scheitern, haben die meisten von ihnen gebetet und ihre Not unter Tränen vor Gott ausgebreitet. Gott hat ihnen geholfen, dass sie sein Erbarmen im Glauben annehmen konnten.
2. Wenn Christen in der Ehe scheitern, haben sie die Stimme Gottes und ihres Gewissens nicht ignoriert, sondern sich in Erkenntnis ihres Unvermögens in die Hände Gottes begeben und seinem Walten überlassen.
3. Wenn Christen in der Ehe scheitern, sind sie von Herzen bereit, jede Strafe anzunehmen, die Gott in ihrem Fall für richtig hält und nach seinem Willen in ihrem Leben zulassen oder ihnen erlassen will.
4. Wenn Christen in der Ehe scheitern, kann nur Gott ihre wahren Motive richtig beurteilen, weshalb sie nicht nach menschlichen oder kirchlichen Kriterien verurteilt werden dürfen.
5. Wenn Christen in der Ehe scheitern, haben sie sich dadurch nicht dem Unglauben oder gar der Gottlosigkeit ergeben. Sie bleiben Kinder Gottes und Nachfolger Jesu Christi, der seine Gnade nicht von ihnen genommen hat.
6. Wenn Christen in der Ehe scheitern, müssen wir ihnen glauben, dass sie genauso ehrlich wie andere darum gerungen haben, ihre Ehe zu retten, dass sie dieses hohe Ziel aber nicht erreichen konnten.
7. Wenn Christen in der Ehe scheitern, haben sie vorher mit ihrer Schuld vor Gott gestanden, der ohne Ansehen der

Person richtet, sie von ihrer Schuld freigesprochen und ihnen seinen Frieden neu geschenkt hat.

8. Wenn Christen in der Ehe scheitern, sind sie keine schlechteren Christen geworden, als sie es vorher waren und nachher bleiben wollen. Gott wirkt weiter in ihnen.
9. Wenn Christen in der Ehe scheitern, stellen sie sich ihrer eigenen Schuld und schieben sie nicht dem anderen in die Schuhe. Darum gibt es auch unter geschiedenen Christen eine bleibende Geschwisterlichkeit.
10. Wenn Christen in der Ehe scheitern, legt ihnen Gott selbst neue Hoffnung ins Herz, die wir ihnen nicht nehmen können, weil sie von Gott ist. Darum sollten wir uns mit ihnen über die Vergebung freuen, die ihnen geschenkt ist.
11. Wenn Christen in der Ehe scheitern, stehen sie oft auch beruflich und wirtschaftlich vor einem totalen Neubeginn mit vielen Hindernissen, den ihnen ihre christlichen Freunde nicht unnötig erschweren sollten.
12. Wenn Christen in der Ehe scheitern, bedürfen sie des besonderen Trostes und der Liebe ihrer Mitchristen in ihren Gemeinden. Es sollte ein selbstverständlicher Dienst der Nächstenliebe sein, ihnen weiterhin die gleiche Liebe und Freundschaft zu erweisen wie vor ihrer Scheidung.

Nachwort des Autors

Mein Buch zum Thema „Wenn Christen in der Ehe scheitern" ist ein Plädoyer für Barmherzigkeit gegenüber solchen Christen, die in ihrer Ehe scheiterten. Von manchen kritischen Lesern wurde es leider als ein Plädoyer für ein „Recht auf Scheidung" missverstanden. Aber es ist bis in das 21. Jahrhundert hinein eine gefragte Lektüre geblieben. Nun kommt es mit aktuellen Ergänzungen wieder neu heraus und kann weiterhin vielen mit Eheproblemen befassten Christen eine Entscheidungshilfe werden, sich an ihren Erlöser Jesus Christus zu halten.

Es hat inzwischen viele Anfragen von christlichen Eheleuten zu Aspekten gegeben, die in meinem Buch nicht zur Sprache kommen. Am häufigsten wurde ich gefragt, wie es *mir* in meiner zweiten Ehe ergangen ist. Das interessierte besonders solche Christen, die für ihre Ehe keine Hoffnung mehr hatten, aber aus Angst vor einer möglichen Strafe Gottes nicht wagten, sich scheiden zu lassen. Sie wollten wissen, was Gott mit mir als einem geschiedenen und zum zweiten Mal verheirateten Christen gemacht hat.

Solchen Leuten habe ich einfach die Wahrheit gesagt, dass ich meine Scheidung als eine große Tragödie erlebt habe, dass es mir aber hernach durch Gottes Gnade viel besser gegangen ist, als ich zu hoffen gewagt hatte. Denn ich wusste, dass mich selbst die besten Freunde nicht alle verstehen werden. Deshalb klammerte ich mich umso mehr an Gott, zu dem ich seit meiner Jugend in jeder Not mein „Abba, Vater“ geschrien habe und der mir immer geholfen hat. Er kannte mich und liebte mich trotz meines Scheiterns in der Ehe, und er hat mir im Gebet die Gewissheit gegeben, dass er mich wegen meiner Schuld nicht verwerfen wird.

Bei meiner Suche nach Antworten wurde mir damals u. a. die von König David in der Bibel erzählte Lebensgeschichte zur Hoffnung. Er war mit dem Heiligen Geist erfüllt und empfing von Gott Einblicke in zukünftige Dinge auf Erden. Er dichtete Psalmen voller Glauben und Anbetung und war ein „Mann nach dem Herzen Gottes“. Trotzdem wurde er zum Ehebrecher mit einer verheirateten Frau und zum Mörder ihres Ehemannes. Gott ließ ihm das nicht einfach durchgehen, aber er hat ihn auch nicht für immer verworfen, sondern ihm nach erfolgter Buße durch den Heiligen Geist noch tiefere Einsichten vom Kommen des von Gott verheißenen Retters der Menschheit geschenkt.

Mir hat Gott durch diese ungeschönte Sündergeschichte sehr geholfen. Ich verstand mehr als vorher, dass er die gefallene Natur seiner Menschenkinder kennt und weiß, wie sehr sie zu jeder Sünde fähig sind. Weil er sie aber liebt, erträgt und vergibt er nicht nur ihre Unfähigkeit zu einem gottgefälligen Leben, sondern kann und will sie sogar weiterhin in seinem Dienst gebrauchen. In der Tat kann auch ein Ehebrecher oder ein Mörder durch die Gnade Gottes ein großer Wohltäter oder ein Missionar werden, wenn er die Vergebung seiner Schuld von Gott geschenkt bekommen hat.

Die Erfahrung mit dem Erbarmen Gottes hatte ich in meinem seelsorgerlichen Dienst bei der Begleitung geschiedener Christen vorher öfter selber kennengelernt. Ich wusste von einem mit Gnadengaben ausgerüsteten Prediger, der sich wegen einer verfehlten Ehe scheiden ließ und als Konsequenz in seinen vorherigen Beruf zurückgegangen ist. Er hatte aber vor Gott in innerstem Schmerz beschlossen, dass er nach zwanzig Jahren wieder in den Predigtdienst zurückkehren wolle, wenn es Gott dann noch gefallen sollte, ihn noch einmal als seinen Diener zu gebrauchen. Gott nahm ihn beim Wort und ließ die Gnadengaben in ihm noch mehr wirken als vor seiner Scheidung. In den 50er-Jahren des vorigen Jahrhunderts hielt dieser „Laienprediger“ in ganz Deutschland große Versammlungen ab, in denen viele Menschen geheilt wurden und Tausende sich taufen ließen. Er sammelte diese Gläubigen in einer „Gemeinde der Christen Ecclesia“, die bis heute missionarisch tätig ist.

Ich könnte weitere ähnliche Beispiele anführen, aber bei diesem mit Schuld und Leid behafteten Thema gibt es keine Verallgemeinerungen. Mit der Entscheidung, sich scheiden zu lassen, ist der Einzelne mit und vor Gott ganz alleine. Nur er kann dem Menschen in das Herz sehen, weiß um seine Möglichkeiten und Grenzen.

Mir wurde es jedenfalls zur befreienden Gewissheit, dass Gott mich nicht wegen meiner Scheidung verwerfen wird. Ich hatte mich schon vor meiner Scheidung entschieden, von meinem geistlichen Dienst auf der Kanzel zurückzutreten und meine Zukunft dem Erbarmen Gottes zu überlassen. Ich wusste natürlich nicht, ob er meine zweite Ehe gelingen lassen würde. Ich konnte glauben, dass ich auch meine zweite Frau Ursula als Gabe und Hilfe für einen neuen Lebensentwurf dankbar annehmen durfte. Sie war genauso wie ich bereit, alles mitzutragen, was Gott uns auf unserem gemeinsamen Lebensweg geben oder nehmen würde.

Wir hatten beide tiefen Frieden im Herzen, als wir in der Kirche heirateten, in welcher Ursula konfirmiert worden war. Sie war schon in jungen Jahren zum persönlichen Glauben an Jesus Christus gekommen und hatte ihm nach einer theologischen Ausbildung hauptamtlich als Kinder- und Jugendmissionarin gedient.

Nun schenkte Gott uns beiden eine neue Arbeitsstelle in einer sozialpädagogischen Einrichtung in Schleswig-Holstein. Ich konnte auf diese Weise meinen Versorgungspflichten nachkommen und die Wege meiner Kinder samt ihren nacheinander entstehenden jungen Familien väterlich begleiten. In meiner Freizeit diente ich ehrenamtlich als Seelsorger für die in den 80er-Jahren in Scharen nach Deutschland einwandernden Familien von deutschstämmigen Spätaussiedlern aus der ehemaligen Sowjetunion.

In einem Gebetskreis und in einem Seniorenkreis sowie im Kirchenchor dienten meine Frau und ich immer gemeinsam. Ich gründete einen kirchlichen Seniorenkreis, der sich wöchentlich traf und im Gemeindeleben ein neues aktives Forum wurde. Als Rentner nahm ich mich – in Zusammenarbeit mit dem Sozialamt – auch der Asylbewerber des Landkreises an und half deren Kindern bei den Schularbeiten, die für sie schwierig waren, weil sie gleichzeitig auch Deutsch lernen mussten.

Bei allen diesen Führungen und Fügungen haben wir die gute Hand unseres lieben himmlischen Vaters von Jahr zu Jahr erlebt. Wir waren gesund und konnten immer ein offenes Haus für Freunde und Nachbarn, aber immer auch genug Zeit für einander und für das Gebet haben. Nachdem auch Ursula Rentnerin geworden war, verlegten wir unseren Wohnsitz nach Oberbayern in die Gegend, in die es meine Mutter mit mir, meinen drei Brüdern und dem spät geborenen Schwesterchen noch zu Kriegszeiten verschlagen hatte.

Kaum an einem neuen Wohnort im Oberland heimisch geworden, ergab es sich, dass wir mit meinen aus ihrer Heimat vertriebenen donauschwäbischen Landsleuten eine Versöhnungsarbeit in Serbien begonnen haben. Wir haben es dabei mit vielen Hundert Menschen zu tun bekommen, die diesen Weg der Versöhnung mit uns gehen.

Zu meiner zweiten Ehe hat Gott also trotz meines Unvermögens in der ersten Ehe seinen Segen gegeben. So kann ich angefochtenen und verunsicherten, geschiedenen und wiederverheirateten Christen bezeugen, dass der gütige und barmherzige Gott das trotzige und verzagte Herz aller seiner Menschenkinder kennt. Und wenn jemand schuldig geworden ist, schenkt er dem geängstigten Geist und dem betrübten Herzen durch seine radikale Vergebung wieder Frieden und Freude, das ist wahr.

Was Gott irgendwann an Gnade und Segen in ein Menschenleben hat einfließen lassen, das stammt vom Himmel und hat kein Verfallsdatum. Es wird auch nicht durch menschliche Schuld beschädigt oder dem gestrauchelten Christen von Gott zur Strafe weggenommen. Sondern die Gnadengaben Gottes werden noch reicher wirksam und bringen in der Gemeinschaft mit seinem Sohn viel gute Frucht hervor.

Also wage es jeder gestrauchelte Christ neu mit Jesus!

„Denn wenn unser Gewissen uns verurteilt, wissen wir, dass Gott größer ist als unser Gewissen. Er weiß alles. Wenn also unser Gewissen uns nicht verurteilen kann, meine Freunde, dann dürfen wir mit Zuversicht zu Gott aufschauen" (1. Johannes 3,20–21).

Ludwig David Eisenlöffel

Anmerkungen

1 Ausführlich erörtert in Strack/Billerbeck, „Kommentare zum Neuen Testament aus Talmud und Midrasch“, C. H. Beck, München 1922/1978, S. 315–320

2 Ebd., S. 318

3 Ebd., S. 305 f.

4 Alle Zitate aus „Theologisches Begriffslexikon zum Neuen Testament“, R. Brockhaus, Wuppertal 1972, S. 196–203

5 a. a. O.

6 „Kommentare“, S. 299

7 Alexius I. (1048–1118), byzantinischer Kaiser

8 C. Konstantinidis und C. Suttner: „Fragen der Sakramentenpastoral in den orthodox-katholischen gemischten Gemeinden“, Regensburg 1979, S. 90–91

9 Ebd.

10 Ebd.

11 B. Häring, „Grundentscheidung“, zitiert in H. Mühlen, „Erneuerung von Ehe und Familie“ in ERNEUERUNG, Heft 16/83, S. 19, 20, 27

12 A. Bölle, „Probleme der Geschiedenen“, ebd., S. 30

13 Bölle, „Zunahme der kirchlichen Ehenichtigkeitsverfahren", ebd., S. 29

14 K. Hörmann, „Kirche und zweite Ehe", Innsbruck 1973, ausgewertet in „Moraltheologische Überlegungen", Gemeinsame Synode der Bistümer der BRD vom 9.5.1975, zitiert in „ERNEUERUNG", Heft 16/83, S. 31

15 komplett http://www.weinzweb.de/TexteHJ/OberrhBischWdvgeschiedeneHirtenwort.pdf

16 Luthers Werke, Edition Erlangen, Bd. 51, S. 37

17 Prof. Dr. H. W. J. Thiersch, führender Theologe der „Katholisch apostolischen Kirche" (Irvingianer), „Christliches Familienleben",1854

18 Ebd.

19 Menno Simons, „Eine gründliche Unterweisung von der Exkommunikation", 1550, aus „Die vollständigen Werke", Bd. I, S. 30

20 Ebd., Bd. II, S. 635

21 Ebd., Bd. I, S. 387, sämtliche zitiert von J. C. Wenger in „Die dritte Reformation", Kassel 1963

22 Dr. Kurt Blatter, Präsident der „Stiftung für ganzheitliche Medizin" (SGM), Bern, „Christen sind besonders anfällig für psychische Erkrankungen"

23 RUFER-Rundbrief in mehreren Ausgaben

24 Die von den EKD-Kirchen eingerichteten „Evangelischen Zentralstellen für Weltanschauungsfragen" (EZW) gebrauchen ihn allerdings munter weiter ...

25 An dieser Stelle rät Paulus beiden christlichen Eheleuten, ihren Körper dem Partner nicht zu verweigern, ausgenommen bei vereinbartem Fasten.

Weitere hilfreiche Titel aus dem Asaph-Verlag

Michelle van Dusseldorp

So muss ich doch nicht bleiben?!

Blockaden lösen, heil und erwachsen werden

220 Seiten – Paperback – Best.-Nr. 147462

In Ihrer Buchhandlung oder direkt bei www.asaph.net